皆川美弥子の国語授業

Before & Afterでよく分かる！
子どもが熱中する国語授業のつくり方

宇都宮大学教育学部附属小学校
皆川 美弥子 著

明治図書

Preface

　子どもたちを対象に行った各種調査によると，小学校全教科の中で，国語の授業の人気は最低レベルらしいのです。「国語は好きではない」「国語の授業はつまらない」と感じている子どもが少なからずいるということです。

　私はもちろん，「国語の授業は決してつまらなくない」「国語の授業も楽しくできる」と思っていました。実際，私のクラスの子どもたちからは，「国語の授業が他の教科に比べてつまらない」という声を聞くことは（おそらく）ありませんでした。しかし，どのようにすれば国語の授業が楽しくなるのかについて，「漢字はただ覚えるのではなく，調べたり使ったりしながら学習するとよい」「低学年の物語教材は，動作化を取り入れると場面の様子が楽しく想像できる」など，具体で語ることはできても，何か理論的に，系統的に示すことはできずにいました。

　そんな折，平成22年に，前文科省教科調査官の水戸部修治先生に出会い，「言語活動」を位置付けた単元づくりについて学んだとき，「私が求めていたものはこれだ」と思いました。そのとき学んだのは，言語活動を子どもの課題解決の過程に位置付けることで，子どもたちの「読みたい」「書きたい」「話したい」「聞きたい」という思いを生かした授業ができる，ということです。子どもたちの「〜したい」という思いに沿った学習であれば，「国語は楽しくない」と感じるはずはありません。子どもたちの興味関心に沿った課題解決の過程をたどった単元を展開すれば，「国語の授業は退屈だ」と思うはずはないのです。

　幸い，宇都宮大学教育学部附属小学校に在籍し，国語専科として授業研究に従事することができた私は，様々な言語活動を考え，単元をつくり，実践を重ねてきました。言語活動を子どもの課題解決の過程に位置付けることで，子どもは楽しく主体的に学ぶことができる，という理屈は疑いようがないものであっても，実際に授業をすると，「活動ありき」で，ねらいの達成に及ばなかったり，教師の思いが先走り，子どもたちが今一つ必然性を感じないままに活動を行っていたりといった問題にもぶつかりました。その度に，子どもの思考過程やねらいの本質などについて繰り返し考えてきました。

はじめに

　また，教育実習生の指導をしたり，他校の公開研究会に参加したり，ときには指導者として他校の校内研修に呼んでいただいたりといったことから，たくさんの国語の授業を見る機会にも恵まれました。授業者ではない立場で子どもたちの学びの姿を見ていると，一人一人の子どもにとって，活動の必然があり，かつ，ねらいの達成につながる授業の条件について冷静に考察することができました。

　本書は，それらの経験から得たいくつかのポイントをまとめたものです。「単元づくりの基礎・基本」「授業展開の基礎・基本」「交流活動の基礎・基本」「言語活動を意欲的にする支援の基礎・基本」「振り返り・評価の基礎・基本」の5観点で整理しました。第1章では，それぞれの観点について「陥りやすい失敗」と「その失敗を克服するための方策」をBefore & Afterの形式で提案しています。第2章では，実際の単元計画や指導案を，領域ごとに20例示しました。いずれの観点も授業も，「教師が正しいと考える方向に子どもを引っ張っていく授業」ではなく，「子どもの読みたい，書きたい，話したい，聞きたいという思いに沿っていて，それでいて，教師が付けさせたいと意図する力を付けるための授業」を目指したものです。

　ベテランの先生方にとっては今更言うまでもない定石であったり，他にもっとよい方策があったりといったこともあろうかと思います。しかし，国語の授業づくりに悩む若い先生方や，楽しくて力が付く国語の授業づくりについて思案している先生方にとって，本書が何かしらの助けになればこれほど嬉しいことはありません。

2019年3月

皆川美弥子

Contents 目次

Preface／はじめに　p.2
Afterword／おわりに　p.150

第1章　Before & After イラストで分かる！国語授業づくり5つの視点とNG場面別授業改善のポイント25

授業改善の視点1　単元づくりの基礎・基本 p.8
- Case 1　資質・能力が選択・重点化されていない　10
- Case 2　言語活動が具体化されていない　12
- Case 3　言語活動が「活動あって学びなし」になっている　14
- Case 4　単元展開が課題解決の形になっていない　16
- Case 5　並行読書が適切に位置付けられていない　18

授業改善の視点2　授業展開の基礎・基本 p.20
- Case 6　本時の学習課題に必然性がない　22
- Case 7　発問が曖昧である　24
- Case 8　思考を深める問い返しの発問をしていない　26
- Case 9　学習活動が子どもの思考過程に合っていない　28
- Case10　教師のやりたいことに子どもを付き合わせている　30

授業改善の視点3　交流活動の基礎・基本 p.32
- Case11　発言した子どもと教師の1対1対応になっている　34
- Case12　子どもにグループ活動を丸投げしている　36
- Case13　書いたものを順番に読み合うだけになっている　38
- Case14　グループ交流に参加していない子どもがいる　40
- Case15　一方的にアドバイスするだけになっている　42

授業改善の視点4　言語活動を意欲的にする支援の基礎・基本------p.44

- Case16　「どんなことでもいいですよ」と投げてしまう　46
- Case17　「真似をしてはダメ！」と言ってしまう　48
- Case18　子どもが教材を選べない　50
- Case19　子どもが題材，方法を選べない　52
- Case20　チャンスを一度しか与えない　54

授業改善の視点5　振り返り・評価の基礎・基本------p.56

- Case21　振り返りが本時のねらいとズレている　58
- Case22　課題意識のない振り返りになっている　60
- Case23　振り返りが形骸化している　62
- Case24　テストだけで評価している　64
- Case25　評価のための評価になっている　66

第2章　子どもが必ず熱中する！領域別・授業づくりアイデア20

話すこと・聞くことの授業アイデア------p.70

1. 「すきなものクイズ」をしよう（1年：尋ね・応答する活動）　70
2. インタビュー名人をめざそう（3年：インタビュー）　74
3. クラスの話し合いをよりよいものにしよう（4年：話し合い）　78
4. 和の文化をプレゼンしよう（5年：プレゼンテーション）　82
5. 6年生におくる字をすいせんしよう（5年：スピーチ）　86

書くことの授業アイデア ……………………………………………… p.90
　6　わたしの　はっけん（1年：観察記録文）　90
　7　「ありがとう」をつたえよう（2年：お礼の手紙）　94
　8　人物を考えて物語を作ろう（3年：物語の創作）　98
　9　資料を生かして考えたことを書こう（5年：意見文）　102
　10　短歌を詠もう（6年：短歌の創作）　106

読むこと（説明文）の授業アイデア ……………………………… p.110
　11　いきもののひみつクイズをつくろう（2年：ビーバーの大工事）　110
　12　はたらくすごい犬コンテストをしよう（3年：もうどう犬の訓練）　114
　13　わたしの「ゆめのロボット」を考えよう
　　　（4年：「ゆめのロボット」を作る）　118
　14　伝記を読んで考えたことを伝え合おう（5年：手塚治虫）　122
　15　6年1組美術館を開こう（6年：『鳥獣戯画』を読む）　126

読むこと（物語文）の授業アイデア ……………………………… p.130
　16　おきにいりのじんぶつになって　おんどくげきをしよう
　　　（1年：おおきなかぶ）　130
　17　「お話のとびら」で大すきをしょうかいしよう
　　　（2年：スーホの白い馬）　134
　18　登場人物の魅力を伝え合おう（4年：ごんぎつね）　138
　19　宮沢賢治作品の魅力を「読みログ」で交流しよう
　　　（5年：注文の多い料理店）　142
　20　椋鳩十作品でポスターセッション！（5年：大造じいさんとがん）　146

第1章

Before & After
イラストで分かる！
国語授業づくり5つの視点と
NG場面別授業改善の
ポイント25

授業改善の視点1　単元づくりの基礎・基本

国語科の単元づくりを一言で言えば，「どんな言語活動を通してどんな資質・能力を育てるのかを明確にすること」です。

「育てたい資質・能力」とは？　「言語活動」とは？

　「育てたい資質・能力」とは「単元の目標」です。国語科では，「話すこと・聞くこと」「読むこと」「書くこと」の三領域に整理されており，学習指導要領には，それぞれの領域における「指導事項」が示されています。例えば，第1・2学年「読むこと」には，「場面の様子に着目して，登場人物の行動を具体的に想像すること。」「文章の内容と自分の体験とを結び付けて，感想をもつこと。」など6つの指導事項が挙げられています。その中からいずれかの指導事項を取り上げて，「単元の目標」を設定するわけです。

　一方，「言語活動」とは，子どもたちが単元の中で実際に行う活動です。ここでややこしいのが，国語科の学習活動は，「話し合う」「発表する」「読む」「書く」など，ほとんどが言語による活動であることです。では，国語科で言う「言語活動」とは何なのでしょう。平成29年に告示された学習指導要領では，国語科の目標が以下の通り定められています。

> 言葉による見方・考え方を働かせ，言語活動を通して，国語で正確に理解し適切に表現する資質・能力を次のとおり育成することを目指す。

　つまり，育成を目指す資質・能力を子どもたちが身に付けるために単元を通して行われる「言語活動」であり，授業の一局面での「発表」や「話し合い」ではないということです。

「育てたい資質・能力」を具現化する「言語活動」を設定する

　では，例えば１年生「くじらぐも」の単元において，「場面の様子に着目して，登場人物の行動を具体的に想像すること。」という資質・能力を育てる場合，どのような言語活動が考えられるでしょうか。

　これまでに「音読劇で演じること」「登場人物に手紙を書くこと」「好きな場面をカードで紹介すること」など，様々な実践が行われています。どのような言語活動を設定すればよいかを考える際には，子どもたちが「場面の様子に着目できた姿」「登場人物の行動を具体的に想像できた姿」を想定することが大切です。例えば「音読劇」であれば，自分が演じてみたい場面である，「子どもたち」がくじらの雲に乗る場面の様子に着目し，叙述を根拠に「子どもたち」の行動を想像して，動作化したり，せりふを考えたりしている，ということになります。では「手紙を書くこと」を言語活動とした場合，どのような手紙が書ければよいのか，「紹介カード」であれば，どのような内容のカードにすればよいのか。「言語活動」を通して「育てたい資質・能力」を身に付けた姿を具体的に描くことができれば，それは，単元の目標に合った適切な言語活動であると言えます。

「言語活動」を子どもの課題解決の過程に位置付けて，単元を展開する

　さらに大切なのは，単元が子どもたちの課題解決の過程として展開されるということです。

　「くじらぐも」の例で考えると，子どもたちの課題，つまり学習の目的は「音読劇をつくること」にあります。「音読劇をつくる」という課題解決のために，子どもたちは教材文を読み，叙述を根拠に登場人物の行動について想像を広げていくのです。

　「～したい」という目的意識は，学習への大きな原動力となり，目指す資質・能力を身に付けるために大きな効果を発揮するということは，教育心理学でも明らかになっています。

授業改善の視点1　単元づくりの基礎・基本

Case 1
資質・能力が選択・重点化されていない

例：3年　わたしの調査レポート（書くこと）

Before

After

資質・能力を選択・重点化し，適した言語活動を設定しましょう

　育てたい資質・能力，すなわち学習指導要領の指導事項は，子どもの学習活動の過程に沿って設定されています。「書くこと」であれば，「題材の設定→情報の収集→内容の検討→構成の検討→考えの形成→記述→推敲→共有」という過程に沿って示されています。例えば，「調べたことを報告する文を書く」といった言語活動の際，子どもたちは「題材の設定」から「共有（作品の伝え合い）」までの学習過程をたどるのですが，だからといって，そのすべての指導事項を単元で育てたい資質・能力に掲げ，目標として設定したのでは，達成に無理があります。左の例のように，結局，活動が終わらず，教師も子どもたちも疲弊してしまうこともあるでしょう。

　そうならないためには，育てたい資質・能力を指導事項の中から選択，重点化し，その資質・能力に適した言語活動を設定する必要があります。

　例えば，第3・4学年の「書くこと」の領域において，「調査報告文を書く」単元であれば，指導事項ウ「自分の考えとそれを支える理由や事例との関係を明確にして，書き表し方を工夫すること。」を選択し，調査結果から考えたこととその根拠となる事例との関係を明らかにして書くことに時間をかけて重点的に指導することが考えられます。また，「案内やお礼の手紙を書く」単元であれば，指導事項エ「間違いを正したり，相手や目的を意識した表現になっているかを確かめたりして，文や文章を整えること。」を選択し，読み手を意識した推敲の観点を明らかにして文章を整えることを重点的に指導します。

　では，重点化しなかった指導事項についてはどうすればよいのでしょう。それは，短い指導時間でできるような活動を設定すればよいのです。指導事項ア「題材の設定・情報の収集・内容の検討」は理科の授業で学習したことを取り上げることにしたり，指導事項イ「構成の検討」は，教師側からある程度のフォーマットを用意したりして，指導時間を減らし，子どもがゆとりをもって言語活動に取り組めるようにする，といった具合です。

授業改善の視点1　単元づくりの基礎・基本

Case 2
言語活動が具体化されていない

例：5年　委員会活動のリーフレットをつくろう（書くこと）

Before

- 何を書けばいいのかな？誰が読んでくれるのかな？
- 僕は図書委員だから，読書週間のお知らせでも書こうかな。
- とりあえず目立つように，いろんな色を使って書こう。

After

- 4年生が，来年所属する委員会を選ぶためのリーフレットだから…。
- 1年間の活動内容が，一目で分かるようにしたいな。
- 特に読書週間の仕事について，苦労ややりがいを伝えたいな。

何のため？　どのように？　言語活動の具体を明らかにしましょう

　左の事例のように，言語活動を「リーフレットづくり」に決めて単元をスタートさせたとしても，「何のために，どのようにリーフレットをつくるのか」が明らかになっていなければ，子どもたちは活動に目的や必然を感じることができず，やる気も起きません。そして何より，力が付きません。子どもたちが意欲的に取り組み，着実に力を付けることができるようにするためには，単元で行う言語活動の具体を明らかにすることが大切です。

　具体とは，左のリーフレットで言えば，「誰に向けて，何のために書くリーフレットなのか？」といった相手や目的の設定をはじめ，「個人で書くのか？　グループで分担して書くのか？」「分量は？」「サイズは？」「レイアウトは指定するのか？　自由に書かせるのか？」といった活動形態や活動量の設定など様々です。4年生に来年度所属したい委員会を選んでもらうためのリーフレットと，全校生に委員会の活動内容を紹介するためのリーフレットとでは，書かれる内容が異なります。また，一人で一枚のリーフレットを仕上げるのと，グループで分担して一枚のリーフレットをつくるのとでは，学習活動の展開が違ってきます。

　では，これらをどのように設定すればよいのでしょうか。

　それは，その単元で子どもたちに育成したい資質・能力は何かを明らかにし，それに応じた設定をするということに尽きます。例えば，第5・6学年「書くこと」の指導事項イ「構成」の力を育てるのであれば，リーフレットのどこに何を書くかを考えなければならない設定にする。すなわち，レイアウトの自由度を高く設定することが考えられます。「構成」とは，書く事柄のつながりや配列を意識して文章全体の筋道を整えることだからです。一方，ウ「記述」の力を育てるのであれば，どのように書くかを考えなければならない設定にする。すなわち，「4年生が委員会を選ぶため」のように相手と目的をより限定し，何を詳しく伝えればよいか，どのような書き表し方をすればよいかを考えられるように設定する，といったことです。

授業改善の視点1　単元づくりの基礎・基本

Case 3
言語活動が「活動あって学びなし」になっている

例：1年　クイズをしよう（話すこと・聞くこと）

Before

1年生が大好きなクイズを通して，話す力と聞く力を付けたいわ。

教科書には「好きなものを当てるクイズ」が載っているけれど，どんなふうに進めたらよいかしら。

After

クイズを通して，「相手の発言を受けて話をつなぐ力」を付けたいわ。
そのためには，クイズに答える側が，出題者のヒントを受けて，質問を重ねていくルールにすればよいかもしれない！

○○先生とクイズを試してみましょう！

具体化した言語活動を教師が実際に試してみましょう

　言語活動の具体を明らかにする必要性は，もちろん「書くこと」の領域だけでなく，「話すこと・聞くこと」「読むこと」の領域でも大切です。

　左の事例では「クイズ」を言語活動として設定しました。「クイズ」は1年生にとって，とても楽しく意欲的に取り組むことができる活動です。しかし，だからこそ，育てたい資質・能力に合った設定にしないと，「友達と仲よく楽しく活動したけれど，国語力の育成にはつながらない」まさに「活動あって学びなし」の単元になってしまいます。

　左の事例のように，第1・2学年「話すこと・聞くこと」の指導事項オ「互いの話に関心をもち，相手の発言を受けて話をつなぐこと。」の力を育成する場合は，出題者と回答者がやりとりをしながらクイズを進めていく形になります。もし，指導事項エ「話し手が知らせたいことや自分が聞きたいことを落とさないように集中して聞き，話の内容を捉えて感想をもつこと。」を取り上げる場合は，出題者はある程度詳しく自分の好きな物について語り，回答者は質問せずに答え，出題者の好きな物についてのコメントを添える，といった形になるかもしれません。

　また，単元の中でウェイトをかける段階も指導事項によって違ってきます。指導事項ア「身近なことや経験したことなどから話題を決め，伝え合うために必要な事柄を選ぶこと。」の力を重点的に育成する場合は，単元展開の中で，クイズの題材を集め，選ぶ活動に時間を多く割くことになるでしょう。

　言語活動の具体を考える際には，教師が実際にその活動を試してみることをおすすめします。実際にやってみることで，子どもたちがどんなことを考え，どんなことに悩み，どんなことに楽しさを感じるのかが分かります。そして，その言語活動が，目指す資質・能力の育成に本当に役に立つのかどうかを検討することができます。さらには，教室にいる様々な実態をもつ子どもたちが，その活動をやり遂げるためにどのような支援を用意すればよいかについても考えることができるのです。

授業改善の視点1　単元づくりの基礎・基本

Case 4
単元展開が課題解決の形になっていない

例：3年　民話のおもしろさを紹介しよう（読むこと）

Before

これまで1の場面から順に読み取ってきたことを基に，「三年とうげ」のおもしろさを紹介するポスターをつくりましょう。

え？　おもしろさって何だろう。

どうやってつくるのかな。

After

今日の学習のめあては，自分で選んだ民話のおもしろさをはっきりさせることでしたね。

ぼくは，○○の場面がおもしろかったよ。だって，意地悪だった登場人物が急に…。

単元の毎時間を課題解決の過程に位置付けましょう

　左の事例は，第3・4学年「読むこと」の指導事項エ「登場人物の気持ちの変化や性格，情景について，場面の移り変わりと結び付けて具体的に想像すること。」を重点化した言語活動として「民話のおもしろさをポスターで紹介すること。」を設定しました。

　この場合，子どもたちは，「自分が選んだ民話のおもしろさを紹介するためには，どうすればよいだろう。」という課題意識をもって民話を読むことになります。すると，単元の1時間，1時間は，「自分が選んだ民話のおもしろさを紹介するために」という課題解決の過程に位置付けられるのです。一の場面から順に「このときの登場人物の気持ちは？」と読み取った後で，「さて，この話のおもしろさは何だろう。どうやって紹介したらよいのかな。」では，子どもたちの教材文を読む意欲も低下し，おもしろさを感じることもできないかもしれません。

　毎時間を課題解決の過程に位置付けた場合，以下のような単元の展開が考えられます。指導事項のねらいに即しながら，「ポスターで紹介し合う」ことをゴールに見据えた展開になっています。

【第1次】
・教師が例示する民話の紹介ポスターを見て，「民話のおもしろさをポスターで紹介する」という単元の課題をもつ。

【第2次】
・共通教材「三年とうげ」でおもしろいと思ったところを伝え合う。
・「三年とうげ」のおもしろさのわけを，「登場人物の気持ちの変化」や「登場人物の性格」などを観点として明らかにする。
・「三年とうげ」での学びを生かして，自分が選んだ民話のおもしろさを明らかにし，紹介ポスターをつくる。

【第3次】
・ポスターで紹介し合う。

授業改善の視点1　単元づくりの基礎・基本

Case 5
並行読書が適切に位置付けられていない

例：4年　お話の不思議を解き明かそう
「白いぼうし（光村4上）」（読むこと）

Before

「白いぼうし」のお話の不思議って何だろう。女の子がチョウに化けている気がするけれど…。

場面ごとに読み取ってきたけど，どんなふうに解き明かしをしたらよいか，よく分からないなあ。

After

「白いぼうし」も，他のお話と同じように，松井さんに不思議なことが起こるところがおもしろいよ。

「白いぼうし」の解き明かしができたら，今度はぼくの好きな「きつねのよめいり」の解き明かしをしたいな。

単元のねらいに合った並行読書を位置付けましょう

　読書が国語力の向上に有益であることは誰もが認めることです。6年間で1500時間もある国語の授業で，限られた教科書教材文だけでなく，並行読書として多くの本を読む機会を設けることは子どもの学習に大変有効です。

　並行読書とは，教科書教材と並行して，関連した複数の作品を読むことを位置付けた学習過程の工夫です。並行読書により読書量を増やすことができるばかりでなく，子どもが，与えられた教材文だけでなく，自ら選んだ作品を読むことで，主体的に学ぶ姿を実現しやすくなります。

　左の事例は，ファンタジー作品の不思議を解き明かす言語活動を通して，指導事項エ「登場人物の気持ちの変化や性格，情景について，場面の移り変わりと結び付けて具体的に想像すること。」の資質・能力の育成をねらったものです。「白いぼうし」は，あまんきみこ氏による『車のいろは空のいろ』というシリーズ作品の一話です。子どもたちは，教科書教材「白いぼうし」だけを読むよりも，シリーズの作品を複数読む方が，確実に，場面の移り変わりに着目しながら作品の不思議を読み解くことができます。実際にこの単元を行ったときには，「白いぼうし」を読む前に，『車のいろは空のいろ』のシリーズを多読させました。すると「白いぼうし」の初読の段階で，「この作品でもやっぱり松井さんに不思議なことが起きた。それは〜」と，シリーズのテーマを把握した感想を述べることができたのです。また，シリーズの中から自分が気に入った作品を選んで不思議の解き明かしをするという言語活動に，とても意欲的に取り組みました。自分で選んだ作品ということが，子どもたちのモチベーションを高めたのでしょう。その際は，「白いぼうし」の解き明かしをクラス全体で行い，その方法を基に，自分で選んだ作品の解き明かしを行うようにしました。

　並行読書は，シリーズ作品だけに有効というわけではありません。テーマが同じ別の作家の作品，シリーズではない同一作家の作品など，単元のねらいに合わせて設定することが大切です。

授業改善の視点2　授業展開の基礎・基本

授業の展開においては，本時のねらいに即した「学習課題」のもと，子どもの思考過程に沿った「学習活動」の設定，それを支える「発問」が大切です。

陥りがちな「教師が熱心に教え込む授業」

　私は附属小学校に勤務しているということから，毎年，多くの教育実習生の授業を参観します。堂々としていて勢いで進める実習生，緊張のあまり声を張ることができなくても丁寧に子どもを見取ろうとする実習生。それぞれの実習生の個性や力量により，授業の様相は様々です。しかし，ほぼ全員と言ってよいくらい多くの実習生に共通することがあります。それは，「本時でねらっていることを一生懸命に子どもに伝えよう，教えようとしている。」ということです。子どもに考えさせ，見出させるのではなく，教師が用意した「正解」に，熱心に導いてしまうのです。

　例えば，意見文を書く授業において，「説得力のある理由の挙げ方」を学ぶ授業でのこと。ある実習生は，「校外学習にはペットボトルではなく水筒を持っていくべき」という主張の理由として「環境によい。」「お金がかからない。」「飲み物の温度を保つことができる。」「友達のものと間違えない。」などを例示し，どの理由に説得力があるかを選ばせました。比べて考えさせたのはよかったのですが，「なぜ説得力があると言えるのか」について子どもたちに十分に話し合わせることなく，実習生が用意した説得力の三つの観点「多くの人が頷く」「根拠となるデータがある」「他の立場には当てはまらない」のカードを提示し，それらについて一方的に説明して授業を終えました。

　実習生ならずとも，教師が主導権をもって「正解」に導いてしまった，という経験はどなたにもあると思います。

「教師が熱心に教える授業」から「子どもが熱心に考える授業」へ

　では、どうすればよいのでしょうか。

　最も重要なのは、教師が教えようとする意識から、子どもに考えさせようとする意識への転換です。本項では、「学習課題」「学習活動」「発問」の三点から考えてみます。

　まず、「学習課題」とは、本時の指導目標を子どもの言葉で示すもので、学校によっては「本時のめあて」「本時のねらい」などと表現しています。この学習課題が、教師から突然示されるものではなく、子どもたちにとって学ぶ必然性のあるものであることが大切です。

　また、「学習活動」とは、本時で子どもたちが行う活動であり、4から5項目に整理されるのが一般的です。先の教育実習生の指導案では、「1学習課題をつかむ　2例示をもとに説得力について理解する　3自分の挙げた理由から説得力のあるものを選ぶ　4本時を振り返る」という学習活動が設定されていました。この中で、学習活動2に問題があったわけです。実習生は、子どもたちが説得力について理解できるよう、熱心に説明していました。しかし、「説得力」といった抽象度が高い内容は、一方的に言葉で説明されればされるほど、子どもたちは混乱してしまいます。例示された4つの理由の妥当性について友達と話し合うことを通して、説得力を判断する観点を見出せるようにすればよいのです。「『環境によい』とあるが、ペットボトルもリサイクルすれば環境によいのではないか。」「『友達のものと間違えない』とあるが、水筒も似たようなデザインが多いのではないか。」「ペットボトルにも水筒にも当てはまる理由には説得力がないね。」といった具合です。

　では、そのような話し合いをさせるために、どのような「発問」をすればよかったのでしょうか。実習生は、「説得力のある理由はどんな理由ですか。」という、漠然とした、学習課題を直接問うような発問をしていました。子どもたちの思考が動き出すためには、例えば「4つの理由の中で最も説得力があるのはどれか。それはなぜか。」といった発問が有効です。

授業改善の視点2　授業展開の基礎・基本

Case 6
本時の学習課題に必然性がない

例：2年 「お手紙（東書2上）」（読むこと）

Before

昨日は3の場面のがまくんとかえるくんの気持ちを考えましたね。今日は，4の場面での2人の気持ちを考えます。

また気持ちを考えて表に書くのか。飽きちゃったなあ。

After

音読発表会に向けて，今日は4の場面を中心に音読の仕方を工夫しましょう。

私は，がまくんの会話文を上手に読みたいな。がまくんはどんな気持ちだったのかな。

単元を見通し，必然性のある学習課題を設定しましょう

　子どもたちの主体的な学習を引き出すためには，「やってみたい」「考えてみたい」という思いを抱くことができるようにする必要があります。そしてその思いを抱くためには，「やってみる必要がある」「考えてみる必要がある」と子どもが思える本時の課題を設定することが大切です。

　「書くこと」や「話すこと」の単元では，「報告文を完成させる」「スピーチができるようにする」といった単元のゴールに向けて，本時でやるべきことが明確になっていることが多いです。例えば，「報告文を完成させる」ために，本時では，「取材カードを並べて構成メモをつくる」とか「構成メモを基に報告文の下書きをする」などです。その際は，「伝えたいことを相手に伝えるために必要な取材カードを選んで構成メモをつくろう」「伝えたいことがはっきり伝わるように順番を考えて構成メモをつくろう」「詳しく書くことと簡単に書くことを区別して下書きをしよう」など，単元のねらいに沿ったポイントを明らかにして学習課題を立てるとよいでしょう。

　一方で，左の事例のような「読むこと」の単元においては，ともすると何の目的もなく一場面ずつ読み取り，最後に取って付けたように「音読発表会をする」といった活動で締めくくる，という学習になってしまうこともあるのではないでしょうか。**Before**の例は，「場面ごとの登場人物の気持ちを表にまとめる」という学習課題に子どもは必要感を抱くことができず，なかなか意欲的に学習に取り組めない状況です。このような学習が繰り返されることが，国語嫌いの子どもたちを生んでしまうのかもしれません。

　視点1のCase 4で述べたことと重なりますが，単元に「音読発表会をする」という言語活動を位置付けたのであれば，本時も「音読発表会をするために〜する」といった必然性のある学習課題であるべきです。**After**の例では，「音読発表会に向けて，自分が気になる登場人物の会話文を上手に読みたい！」という目的意識が学習活動へのモチベーションとなっており，主体的に取り組む姿が期待できます。

授業改善の視点2　授業展開の基礎・基本

Case 7
発問が曖昧である

例：2年　音読発表会をしよう「お手紙（東書2上）」（読むこと）

Before

- がまくんの様子を，聞いている人に伝えるためには，どんな読み方をすればよいですか
- どんな読み方って何？
- どの文のことを考えるの？

After

- 4の場面で一番強く読むとよい文はどれですか。それはなぜですか。
- 私は，「きみが。」だと思う。がまくんは，すごく驚いたから。
- ぼくは，「でも，来やしないよ。」だと思う。がまくんは，絶対に来ないと思っているから。

なぜ？どれ？どう？　子どもの思考に働きかける発問をしましょう

　Case 6の事例では、「音読発表会に向けて、登場人物の様子が伝わる音読の工夫をしよう」という必然性のある学習課題を設定しました。では、いざ本時の授業を行うとき、どのような発問をすればよいでしょうか。

　「発問」というテーマで1冊の本が書けてしまうほど、その在り方には深いものがあります。実際に私が在籍する宇都宮大学の附属小学校でも、「論理的思考を生むための文学的文章における発問」をテーマに研究をしたことがあります。その際、先行研究の検証や実践研究の結果、以下の観点に辿り着きました。

友達との考えの交流を生み、論理的な思考で読み深めるための発問の要素
- ア　前後の文脈から根拠を示すことができる。
- イ　複数の解（子どもの反応）が出る。
- ウ　問われた際、すぐには明快な解が出ない。
- エ　子どもの既知の事項や読みと矛盾し、葛藤を起こさせる。
- オ　複数の表現や内容を比較することで解がより明らかになる。

　本時において、万人が頷くたったひとつの「望ましい発問」があるわけではありませんが、左の**Before**の例は、学習課題をそのまま発問しているため、あまりにも漠然としており、子どもたちの思考は促されません。それに対して**After**の例では、「一番強く読むのはどれか」と具体的に問うているため、子どもは具体的に思考することができます。そして、「どの文を選ぶか」「それはなぜか」を友達と交流することで、読みが深まります。これは、上の要素のア、イ、ウを満たしている発問と言えます。また、本時のねらいである「読み方の工夫」の観点として「声の強さ」に着目させています。この発問について話し合うことで、子どもたちは、音読の工夫を通して、4の場面での登場人物の気持ちや様子について思考することができるのです。

授業改善の視点2　授業展開の基礎・基本

Case 8
思考を深める問い返しの発問をしていない

例：5年　椋鳩十作品の魅力を伝え合おう
「大造じいさんとがん（東書5）」（読むこと）

Before

「大造じいさんとがん」の中で，自分の心にグッとくる文を選ぶことができましたね。

みんなそれぞれに違う文を選んでいます。どれもいい文ですね。

After

心にグッとくる文を選ぶことができましたね。自分が選んだ文は，作品の魅力を伝えることができる文ですか。

選んだ文の中で，最も作品の魅力を伝えているのはどの文ですか。

「みんな違ってどれでもよい」ではありません

　単元に言語活動を位置付けた「読むこと」の学習において，多く実践されているのは「私のお気に入りの場面」「私のいちおし場面」「私の心にグッとくる表現」など，「自分はどう読むか」を前面に出した活動です。「先生から与えられた場面を読む」のではなく，「自分が着目した場面を読む」ことで，教材文に主体的に関わることができるのです。でもだからと言って，「自分のお気に入りならどれでもよい」「自分の心にグッとくるならどれでもよい」「みんな違ってどれでもよい」では「活動あって学びなし」です。

　左の例では，「椋鳩十作品の魅力を伝える」という単元の課題に沿って，「自分が選んだ文は，作品の魅力を伝えることができる文か。」「いくつか選んだ文の中で，最も作品の魅力を伝えているのはどの文か。」という問い返しをしています。すると子どもたちは以下のような話し合いをします。

　「『もう一けりと〜さっと，大きなかげが空を横切りました。残雪です。』も『残雪の目には，人間もはやぶさもありませんでした。ただ救わねばならぬ〜』もどちらも，仲間思いの残雪のすごさが伝わってくるね。より伝わるのはどちらだろう。」「大造じいさんはさっと現れた残雪を見て，撃つのをやめたんだよね。じいさんの気持ちが変わったところだから，『さっと』の文がいいと思うよ。」話し合いを通して，子どもたちは，残雪の人物像や大造じいさんの心情について考えていくのです。

　この授業をした際は，子どもたちは，「残雪がはやぶさと戦う姿を見て，大造じいさんは気持ちが変わった。」という読みに留まっていました。私はさらにもう一歩深めたいと考え，「じいさんの気持ちを変えた原因は，はやぶさと戦う姿だけなのだろうか。」という問い返しをしました。じいさんの姿を見た残雪が，頭領としての威厳を保とうとする描写にも気付いて欲しかったからです。

　最終的に選ぶ「自分の心にグッとくる文」はそれぞれに違ってもよいのです。しかし選ぶプロセスで思考を深めることができる問い返しが必要です。

授業改善の視点2　授業展開の基礎・基本

Case 9
学習活動が子どもの思考過程に合っていない

例：5年　椋鳩十作品の魅力を伝え合おう
「大造じいさんとがん（東書5）」（読むこと）

Before

この作品には，まわりの景色と登場人物の気持ちを重ねて表現しているところがあります。それを情景描写と言います。例えば～。

そうなんだ。何だか難しいなあ。

After

多くの人が，登場人物に関する文を選んでいる中，一人だけ違う表現を選んでいる人がいましたよ。

あ，A子さんは「らんまんと～」を選んでいたよ。何となくきれいだから選んだって言っていたけど…。

確かに，残雪が飛び立っていく清々しさが表れていて，きれいだよね。

清々しいのは，残雪じゃなくて大造じいさんじゃない？

そう。景色と気持ちを重ねて表現する方法を情景描写といいます。他の場面にもありますよ。

子どもの思考の流れに沿った学習活動を仕組みましょう

　「大造じいさんとがん」は，情景描写が作品の魅力のひとつであり，第5・6学年の文学的な文章の指導事項エ「（前略）表現の効果を考えたりすること。」に迫るためにも，ぜひ着目させたいことです。情景描写とは，情景（光景，風景，場面）の描写ですが，それは物語の視点人物から見た情景なので，視点人物の心情が表れていることがあります。「大造じいさんとがん」の視点人物は大造じいさんですから，情景描写には大造じいさんの心情が表れています。例えば，「東の空が真っ赤に燃えて，朝が来ました。」という描写には，今年こそは残雪を仕留めようという強い闘志が，「らんまんと咲いたすももの花が，その羽に触れて，雪のように清らかに，はらはらと散りました。」には，残雪を送り出す清々しい気持ちが込められています。

　子どもたちにぜひ気付いて欲しいこれらの表現について，教師が一方的に説明してしまったのでは，そのときだけの断片的な知識として伝わるだけで，子どもたちが納得し，活用できる知識として習得するにはなかなか及びません。読書経験が少ない子は，その意味もよく理解できないかもしれません。

　そこで私が実践した本時では，**After**に示した通り，心にグッとくる文として情景描写の表現を選んでいた子どもを取り上げ，なぜその文が心にグッとくるのかを話し合わせることで，情景描写の効果に気付くようにしました。

　子どもの思考過程に合わせた本時の学習活動を展開させるためには，前時までの子どもの様相を見取っておくことも重要です。本時において，私は，クラスの中でたった一人，情景描写に着目していたA子さんを取り上げることで情景描写の学習につなげようと細案を立てておいたのです。でも，もしクラスの誰も情景描写の文を取り上げていなかったら…。「先生の心にグッと来る文はね…。」として，提示することも考えられます。いずれにしても「作品の魅力を伝えるために」という子どもの思考過程に沿っていることが大切です。

授業改善の視点2　授業展開の基礎・基本

Case 10
教師のやりたいことに子どもを付き合わせている

例：2年　音読発表会をしよう「お手紙(東書2上)」(読むこと)

Before

がまくんにお手紙を書いたかえるくんは，書き上げたお手紙を持って「家からとび出しました。」と書いてありますね。「とび出しました。」とは，どんな様子か，実際にやってみましょう。

After

2の場面のかえるくんの会話文は，「急いでいるから早口で読むといい」という意見が出ましたね。「急いでいる」のは，どの文から分かるかな。

○ページ○行目のに「家からとび出しました」とあります。

「とび出す」のは急いでいるからだね。どんな様子か実際にやってみましょう。

教師の意図と子どもの思考の流れをつなげましょう

　Case 9 では，教えなければならないことを子どもの思考過程を無視して一方的に教え込もうとしてしまう事例を挙げました。少し似ているのですが，ここでは，教師がよかれと思って設定した活動が，子どもの思考過程に合っておらず，ともすると教師のやりたいことに子どもを付き合わせることになってしまう事例を紹介します。

　また「お手紙」の授業です。

　低学年では，文学的な文章の指導事項エ「場面の様子に着目して，登場人物の行動を具体的に想像すること。」を達成するために，動作化をさせることが有効な場合があります。登場人物になりきり，叙述に即して動作化することで，その行動の原因や思い，その時の状況などについて想像することができるのです。

　Before もその意図で行っています。「かえるくんは，家からとび出しました。」という叙述に即して動作化させることで，「親友のがまくんに早くお手紙を届けたい。」「お手紙が来ないと落ち込んでいる親友のがまくんを喜ばせたい。」というかえるくんの思いを具体的に想像できるようにする，という意図です。ところが，この活動をいつ投げ掛けるかが問題です。子どもの思考の流れを無視して，教師のよかれという思いだけで唐突に「やってみましょう。」と投げ掛けても，子どもは動作化に必然性を感じません。主体的な思考を促すこともできません。

　After では，音読発表会に向けてかえるくんの会話文をどのように読めばよいか話し合っている際に「かえるくんは急いでいるから早口で読むといい。」というある子どもの意見を取り上げ，その根拠を叙述に求めることで，子ども自ら「かえるくんは，家からとび出しました。」という文に着目できるようにしています。そして全体に，「とび出す」とはどのような様子なのかを問いかけ，動作を促すことで，がまくんに一刻も早くお手紙を届けたいと思っているかえるくんの行動を具体的に想像できるようにしているのです。

授業改善の視点3　交流活動の基礎・基本

交流活動を制する者は授業を制す。
授業の中で行われる子どもたちの交流活動の質が高まれば，授業の質も高まります。

交流活動とは，友達との対話により自己の考えが深まること

　どのような授業にも必ずと言ってよいくらい，子どもたちが互いの考えを伝え合う交流活動が設定されています。では何のために，教師は授業に交流活動を設定するのでしょうか。それは，互いの考えを伝え合うことで，子どもたちが個々の考えを深め，本時のねらいを達成することができるようにしたいからです。交流活動がうまくいけば，子どもたちはその日学校へ来て授業を受けた甲斐があったと言えます。なぜなら，友達と互いの考えを交流することは家庭学習ではなし得ないことであるし，互いの考えを深め合うことは，学習塾ではあまり行われないことだからです。
　劇作家である平田オリザさんがディベートとダイアローグについて
・ディベート　話す前と後で考えが変わったほうが負け。
・ダイアローグ　話す前と後で考えが変わっていなければ意味がない。
とおっしゃっていたのを聞いたことがあります。
　ダイアローグとは対話です。新しい学習指導要領では「主体的・対話的で深い学び」の視点からの授業改善が求められています。対話的な学びの捉えとして「友達との交流により考えが変わること」という一面があるのではないでしょうか。「考えが変わる」とは，「別の考えを得る」ことだけでなく「これまでもっていた考えが深まる」ことも含まれると思います。

考えを深める交流の大前提は，目的と必然性

　必ずと言ってよいくらい授業に設定されている交流活動ですが，交流によって必ず子どもたちの思考が深まるとは言えない現実があります。私が行ってきた授業の失敗例でも，交流活動が本時のねらい達成に十分に機能しなかったことが原因であることが多々ありました。
　では，どうすれば，有効な交流活動にすることができるのでしょうか。
　例えば，「ごんぎつね」の授業での一場面。教師が指示します。「4の場面でごんの気持ちが表れているところに線を引きましたね。では，線を引いたところを学習班の友達と交流しましょう。」子どもたちは机を動かし，グループをつくり，交流を始めます。「私は『ごんは，びくっとして，小さくなって立ち止まりました。』というところに線を引きました。びっくりした気持ちが表れていると思います。」「ぼくも同じです。それから『いどのそばにしゃがんでいました。』というところにも引きました。お念仏が終わるのを待っていたいという気持ちです。」線を引いた叙述とそこに表れる気持ちを順番に発言していきます。それぞれの考えを「確認する」活動にはなっていますが，それぞれの考えを「深める」活動になっているとは言い難いです。
　思考を深める交流活動にするためには，いくつかの条件がありますが，大前提となるのは，子どもたちが交流の目的を把握し，交流に必然性を感じていることです。
　「ごんぎつね」では，視点人物である「ごん」についてのほとんどの行動描写から，ごんの気持ちを読み取ることができます。ですから「ごんの気持ちが表れているところ」の交流は，あまり意味がないかもしれません。そこで，「ごんの兵十に対する気持ちの変化をつかむ」という目的を明確にすれば，「兵十に対する気持ちが分かる文を明らかにしたい。」という必然性をもって交流を行うことができます。
　加えて，子どもたちが自分の考えを安心して表出することができる学級集団であることが，もうひとつの大前提です。

授業改善の視点3　交流活動の基礎・基本

Case 11
発言した子どもと教師の1対1対応になっている

例：4年　「みんなで新聞を作ろう（東書4上）」（書くこと）

Before

After

発言者から投げられたボールは全体に返しましょう

　左の事例は,「グループごとに新聞をつくる」という言語活動を設定した単元において,記事にふさわしい見出しとはどのようなものかを考えている場面です。風邪予防について,保健室の先生へのインタビューと,風邪の罹患者が増えているグラフから伝える記事の見出しの例として,次の３つが挙げられました。
①子どもはかぜの子？
②かぜの季節です
③かぜには手洗い・うがいをするのがいちばん！

　Beforeでは,「２番です。短くて分かりやすいからです。」と言う子どもの発言に対して,教師が「見出しとして,短いことはいいこと。しかし,この記事の要旨には合っていない。」という判断を述べてしまっています。

　これは,国語の授業に限ったことではありません。教育実習生の授業で陥りやすい現象のひとつです。子どもたちに正しいことを教えようという意識のあまり,こうした反応をしてしまうことが多いようです。

　本来,友達の発言に対して,判断をするのは子どもたちです。友達の発言に対して自分はどう考えるかを判断することこそが学びとなるのです。その機会を奪ってしまうのは,思考する機会,学習する機会を奪ってしまうことになります。そして思考・判断の機会が与えられない授業は,子どもにとって,とてもつまらない時間になってしまうものです。

　一方,**After**では,「２番です。短くて分かりやすいからです。」の発言を受け,「A子さんの意見についてどう思いますか。」と全体に返し,他の子どもたちの思考を促しています。

　このような授業が繰り返されていけば,教師が全体に返さなくとも,「①は意味がよく通じないけど,インパクトがある。」「③は記事で一番伝えたいことを表しているけれど長い。」「では〜と変えたらいいかも。」などという発言が次々に続き,交流で思考を深める学習集団が出来上がっていきます。

授業改善の視点３　交流活動の基礎・基本

Case 12
子どもにグループ活動を丸投げしている

例：４年　「みんなで新聞を作ろう（東書４上）」（書くこと）

Before

グループで話し合ったことを基に，自分の記事の見出しを決めて，清書しましょう。

グループの友達からは特に意見がなかったのだけれど，本当にこの見出しでいいのかな。

After

４班では，見出しに使う言葉について話し合っていましたね。みんなに伝えてください。

（４班の子）私たちは，読者の興味をひく言葉かどうかについて検討しました。それは…。

なるほど。ぼくたちの班でも話し合ってみよう。

グループ活動の途中に全体で共有する時間を取りましょう

　Case 9 とは反対に，今度は，子どもに丸投げしてしまっている事例です。思考を促すために，子どもたち同士で交流する機会を与えればそれでよいというわけではありません。

　左の場面は，分担して書いた記事に見出しを付け，それぞれの見出しの妥当性についてグループごとに話し合ったところです。

　Before では，グループごとの話し合いの後，クラス全体での情報共有はせずに，個人の作業に入ってしまいました。本時の流れは以下の通りです。

全体での学習課題の把握→グループでの検討→個の作業

　グループ活動は，ねらいに沿って活発に交流している班もあれば，停滞してしまったり，ねらいとずれた話し合いになってしまったりする班も出てくるのが当然です。そのようなグループ差を修正せずに個人の活動に戻してしまったのでは，左のように困ってしまう子が出る心配があります。

　After では，グループごとの話し合いの途中で，全体で共有する時間を取っています。教師が指名した4班は，見出しの妥当性について，「読者の興味をひく言葉かどうか」という観点で話し合っていました。この観点への意識が，他の班では足りなかったため，意図的に指名したのです。その後で，再度グループごとに話し合う時間を続ければ，4班で取り上げた観点が他の班でも生かされることになります。ここでの本時の流れは以下の通りです。

全体での学習課題の把握→グループでの検討→**全体共有**→グループでの検討→個の作業

　全体共有をどのタイミングで何回行うか，全体共有では何を取り上げるか，それらについては，子どもたちの実態や本時のねらいにより変わります。

授業改善の視点3　交流活動の基礎・基本

Case 13
書いたものを順番に読み合うだけになっている

例：4年　お話の不思議を解き明かそう
「白いぼうし（光村4上）」（読むこと）

Before

ぼくは，〜というところが，このお話の不思議なところだと思います。

私は，〜というところが，このお話の不思議なところだと思います。

After

ぼくは〜のところと〜のところがつながっていると思うんだ。だって…。

私も同じ！　そして〜も関係していると思うんだよね。

分かった！　このお話は，不思議と不思議がつながっているんだよ！

子どもが「話し合いたい」と思える必然性が必須です

　教師の「ではグループで話し合ってみましょう。」という言葉が言い終わらないうちに，子どもたちは自分の考えを話し始めたくて仕方ない様子で机の向きを変えます。そして，堰を切ったように一人の子どもが話し始めます。「ぼくは〜のところと〜のところがつながっていると思うんだ。だって…。」その話に大きく頷きながら聞き入る他の子ども。そして言葉をつなぎます。「私も同じ！　そして〜も関係していると思うんだよね。」「そうそう。でもさ…。」**After** で示したグループ交流の姿です。

　その対極にあるのが **Before** の姿です。自分の考えを書いたワークシートを読み上げるだけの交流となってしまっており，友達の考えに興味を示したり，互いの考えを関係付けて深めたりする姿は見られません。

　実は，**After** は，以前私が行った授業の一場面です。そのときの授業映像を見た他校の先生方から，「映像のような学び合える集団にするために，日頃からどのように子どもたちを鍛えているのですか。」という質問を受けることが度々ありました。私は「日頃から子どもたちを鍛えている。」という表現にやや違和感を抱きました。そして「聞く態度や話す態度などを鍛えるということより，大切なのは，子どもたちが『話し合いたい』と思える課題の設定だと思います。必然性のある課題で友達と話し合い，『話し合ってよかった』という経験を重ねることができるよう努めています。」と答えました。

　ここでは，自分が選んだ作品の不思議の解き明かし（ファンタジー作品の伏線を関連付けて読み，不思議なことが起きる因果を説明すること）について，同じ作品を選んだ友達と伝え合い解決する，という課題でした。子どもたちには，「自分が見付けた伏線を友達に伝えたい」「友達の読みを聞いて解き明かしを解決したい」という思いが強くありました。そして，互いの読みを交流する中である女の子が言います。「このお話は，不思議と不思議がつながっているんだよ！」と。まさに，友達と交流することで，自分の断片的な考えがつながり，深まった瞬間でした。

授業改善の視点3　交流活動の基礎・基本

Case 14
グループ交流に参加していない子どもがいる

例：4年　お話の不思議を解き明かそう
「白いぼうし（光村4上）」（読むこと）

Before

「山ねこ，おことわり」の不思議なところは，～だと思います。

私は，～だと思います。

私は，「春のおきゃくさま」を選んだから，よく分からないなあ…。

After

ぼくは～のところと～のところがつながっていると思うんだ。だって…。

私も同じ！　そして～も関係していると思うんだよね。

分かった！　このお話は，不思議と不思議がつながっているんだよ！

交流の人数・メンバーを意図的に設定しましょう

　Case13の「交流したいと思える必然性のある課題」に加え，左の**Before**と**After**の違いは，次の３点です。

　一つ目は，交流するグループの人数です。６人は多過ぎます。グループ交流のよさは，全体では発言しにくい子，発言の順番が巡ってこない子にも，発言の機会が保障されるということです。それぞれの意見を言い合い，聞き合うためには，４人以下が適切なのではないかと思います。２人の場合は，必ず話をしないと交流が成立しないので，より発言の機会をもたせたいときに有効。また，考えを聞く対象が相手だけなので，互いの考えを関係付けて話し合うことに慣れていない時期に有効です。３人での交流のよさには，２人の会話のやりとりでは行き詰まってしまう場合の突破口を期待できること，４人で話し合うよりも近い距離で話ができることなどがあります。発達の段階や課題によって人数を設定するとよいでしょう。

　二つ目は，交流の相手です。**Before**では，異なる作品を選んだ友達と交流しているのに対して，**After**では同じ作品を選んだ友達同士で話し合っています。この単元では，自分が選んだ作品の不思議を追究する段階では，同じ作品を選んだ友達同士での交流を重ね，読みを深めることができるようにしました。そして，不思議解き明かしの課題が解決した段階では，異なる作品を選んだ友達との交流の機会を設け，自分が選んだ作品のおもしろさを，その作品を選ばなかった友達に伝えることができるようにしました。課題によって同質グループの交流か，異質グループの交流かを判断する必要があります。

　三つ目は，交流のときの言葉遣いです。私は，少人数の話し合いの際には**Before**のようなフォーマルな話し方は必要ないのではないかと考えます。「みなさんどうですか。」「～さんに質問です。」などのような「話し合いの型」に沿って話し合わせる必要もないと思います。形式に沿うことで思考も形骸化してしまうように感じるからです。

授業改善の視点3　交流活動の基礎・基本

Case 15
一方的にアドバイスするだけになっている

例：6年　資料を用いて意見文を書こう（書くこと）

Before

After

交流すべきは,そう考えた「理由」です

　左の事例は,写真やグラフなどの資料を用いて意見文を書く単元です。環境問題やスマートフォンの使い方などの身近な問題について,自分の主張を意見文にまとめます。本時は,下書きをよりよくする時間。観点として,「①事実と意見を文末で区別する　②読者に呼び掛ける表現を使う　③書き出しを工夫する」が挙げられています。

　Beforeでは,それぞれの下書きを回し読みして,気付いたことを下書きの用紙に書き込んでいく方法で交流しています。一回りして自分のもとに戻ってきた用紙には,友達のアドバイスが赤ペンで記入されています。子どもたちは,そのアドバイスを基に,下書きを訂正して清書するわけです。

　この交流について,気になることがいくつかあります。第一に,回し読みをして無言でアドバイスし合っていること。書き手の意図も,アドバイスした側の意図(理由)も伝え合っていません。交流とは「どう考えるか」だけではなく「なぜそう考えるのか」という理由を伝え合わなければ成立しないはずです。また,友達の文章に一方的に赤で書き込むのも望ましいとは言えません。さらには,改善点を指摘するだけでなく,よさの認め合いもしたいものです。

　Afterでは,まずは,観点に基づいて自分の下書きを読み,改善点を見付けています。もし見付からない場合,「どこを直したらよいかな。」と友達に相談することも考えられます。そして,推敲した箇所について,「自分は,なぜ,どのように書き直したのか。」を交流します。例えば,「事実と意見を区別するために,『〜だと思う』という文末を使ったけれど,『〜だと思う』という文末が続いてしまっているので『〜ではないだろうか』に変えた。」といったことです。その交流により,自分の下書きの新たな改善点が見付かることもあります。これらのグループ交流の途中には,Case12で述べたような全体共有の時間を設け,望ましい交流をしているグループを紹介して価値付けたり,適切な推敲の観点について確認したりすると効果的です。

授業改善の視点4　言語活動を意欲的にする支援の基礎・基本

子どもの実態は様々です。
様々な子どもたちが言語活動に意欲的に取り組める支援を考えましょう。

子どもの思考の有り様は様々。それにできる限り対応したい

　5年生で「和の文化をプレゼンしよう」という単元を行ったときのことです。この単元は，東京書籍に掲載されている説明文「和の文化を受け継ぐ」を基に，和菓子，和服，華道，剣道など，自分の興味がある和の文化について図書資料で調べ，留学生にプレゼンテーション（画用紙で作ったフリップと実物，実演などを交えたスピーチ）するというものです。図書資料から情報を集め，付箋にメモして整理した後，いよいよプレゼンの準備に入るという段階で，私は以下の手順を考えていました。
　①スピーチの構成メモをつくる。
　②スピーチの原稿は書かない。（メモを見て話す力を付けるため）
　③画用紙に写真，図，キーワードを載せてフリップをつくる。
　しかし，Aさんがこう言いました。「フリップをつくるのをすごく楽しみにしていたので，まずフリップをつくりたいです。」私は，「構成メモをつくらないと，フリップに何を載せたらよいかはっきりしないのでは？」と問いましたが，Aさんは，付箋の整理をしたときにフリップのイメージも出来上がっているから大丈夫とのこと。私は彼の言う通りの手順で活動させることにしました。また，Bさんはこう言いました。「スピーチの原稿を書きたいです。スピーチで使う言葉をしっかり決めたいので。」私は，「この単元では，メモだけを見て話す力を付けたいし，原稿を書く時間は取れない。」と伝えましたが，Bさんは「分かっています。本番では原稿は見ません。原稿は家

で書いてきます。」とのこと。彼女の考えも尊重することにしました。

　結果,どうなったか。Aさんは,フリップをつくりながらスピーチの構成を確定し,聞き手とやりとりをしながらアドリブを交えて見事なプレゼンを行いました。Bさんは適切な言葉を選びながら原稿を書き,本番ではその原稿を概ね暗記して,緊張しながらも緻密なプレゼンを行いました。その姿を見て,私は,自分の計画した思考過程を子どもに押し付けなくて本当によかったと思いました。もちろん,当該単元でのねらいから外れてしまっては本末転倒ですが,ねらい達成が実現するのであれば,子どもの思考過程に柔軟に対応するべきだと考えます。

様々な実態に応じた支援の方策を

　思考過程だけではなく,教室にいる子どもたちの実態は様々です。国語力の個人差,意欲の個人差,読書経験の個人差などです。また,国語力と一口に言っても,「書くことは得意だけれど,話すことは苦手」,「長い文章を読むことは得意だけれど,図表と文章を関連付けるのは苦手」などの実態もあるでしょう。また,関心をもっていることがらの違いもあります。実際に,生き物に関心のある子は,物語文を読むのは苦手であっても,生き物に関する説明文や図鑑ならすらすらと読めてしまう,などの姿も見られます。

　それら様々な実態をもつ一人一人の子どもが,意欲的に言語活動に取り組み,資質・能力を伸ばすことができたら,「国語が楽しい」「国語が好き」という声がもっと増えるに違いありません。そして「国語が楽しい」「国語が好き」という気持ちはさらなる資質・能力の向上を促すでしょう。それが私の理想とする授業の姿なのですが,容易なことではありません。

　しかし,これまでの実践研究で確信したのは,単元における子どもの思考の流れを予測し,つまずきを想定した上で必要な支援を考えておくことの重要性です。そして,一人一人の言語活動を支援する際には,子どもの活動を段階的に設定すること,子どもが試行錯誤しながら活動を繰り返せること,対象や方法を選択できることなどが有効です。

授業改善の視点4　言語活動を意欲的にする支援の基礎・基本

Case 16
「どんなことでもいいですよ」と投げてしまう

例：2年　「かんさつしたことを書こう（東書2上）」
（書くこと）

Before

生活科で育てている野菜の様子をよく見て書きましょう。どんなことでもいいですよ。

何を書けばいいのかな。

どのように書けばいいのかな。

After

自分の野菜の観察文を書く前に，みんなでいっしょに，校庭にあるヤツデの観察文を書いてみましょう。

はっぱの大きさは30センチぐらいで手のような形をしていました。

こんなふうに書けばいいんだ。

子どもに丸投げせず，段階的な活動を仕組みましょう

「どんなことでもいいですよ。」「何でも自由にやっていいですよ。」

子どもの様々な考えを保障しようとして，つい発してしまう言葉です。しかし，何をどうすればよいか分からない子どもにとっては，「どんなことでもいい。」「何でもいい。」と言われてしまうと，手も足も出ません。

左の事例は，生活科で栽培している植物や身近な植物の観察文を書く単元です。**Before** のように，最初から子どもに丸投げするのは極端だとしても，概ね次のような手順で行うのではないでしょうか。

①教科書の作例を読み，観察文の書き方を知る。
②自分が育てている植物や身近な植物の観察文を書く。

教科書には作例が載っていたり，「かんさつ文を書くときにつかうことば」などの欄が設けられていたりします。それらを手掛かりに書かせるのですが，作例や語例を自分の観察文にどう生かしたらよいかが分からない子どもも少なからずいるはずです。そこで，①②の活動の間に，「クラス全員で共通の植物の観察文を書く」という活動を加えます。教科書の作例を自分の文章に転用する前に，クラス全体で共通の題材により，書き方を「練習」するのです。共通題材の際も以下のア～エのように段階的な活動を仕組みます。

　ア　色，形，大きさ，数などについて気付いたことを話し合う。
　イ　話し合ったことの一部を全体で書く。
　ウ　残りの部分を個人で書く。
　エ　個人で書いたものについて全体で交流し，よい表現や間違いやすい表現について共有する。

このように段階的な活動を仕組むのは，「書くこと」だけではありません。「読むこと」「話すこと・聞くこと」においても，「物語を読んで考えたことを紹介カードにまとめる」「スピーチをする」といった言語活動のゴールに向けて必要な学習内容や学習活動を細分化し，段階的に習得できるようにすることが大切です。

授業改善の視点4　言語活動を意欲的にする支援の基礎・基本

Case 17
「真似をしてはダメ！」と言ってしまう

例：2年　「かんさつしたことを書こう（東書2上）」
　　　　　（書くこと）

Before

B子さんの「つぼみは，ねじの形に似ています。」は上手な表現ですね。みなさんも人の真似をしないで，自分の頭でよく考えて書きましょう。

ぼくは思いつかないな…。

After

A男さんの〜という書き方や，B子さんの〜という書き方はとても上手ですね。みなさんも真似をして使ってみましょう。

B子さんの「〜」を真似すると書けそうだ！

真似はいいこと　真似はお手本にすること

　Case16に続き，観察文の単元です。クラスの共通題材での練習を経て，いよいよ自分の題材で観察文を書く段階になっても，学んだことを生かしてすぐに書ける子ばかりではありません。

　そんなときには，よく書けている子の表現を例として示し，それを真似させることが有効である場合があります。よく書けている子の表現を取り上げる際には，しっかり価値付けし，他の子がそれを真似することはよいことであると伝えます。例えば以下のように伝えます。

　A男さんは，みんなで書いたヤツデの観察文の「手のような形」を使って「葉っぱはプロペラのような形をしています。」と書いています。確かにプロペラみたいな葉っぱです。よく見て考えて書きましたね。
　B子さんは「つぼみは，ねじの形に似ています。」と書いています。「～に似ています。」という書き方も，様子がよく伝わる，いい表現です。
　みなさんも，友達の書き方でいいなと思うものがあったら，真似をして使ってみましょう。

　その際，「～に似ています」は，「B子スタイル」，「～くらいの大きさ」は「C男スタイル」などと命名すれば，その表現方法をクラス全体で共有できるとともに，取り上げられた子は大きな自信となります。

　また，文章は書き出しでつまずいてしまうとどうにもなりません。はじめの文が書ければ，すらすらと言葉が続く場合も多いものです。そこで，書き出しを丁寧に支援することも有効です。例えば，書き出しの一文が早く書けた数名の子に，その一文を板書させ，なかなか書き出せない子は，板書された数例の中から選んで真似をして書く，というような方法もあります。

　真似，つまり手本となる例を示す支援は，全体で行うこともあれば，個別に行うこともあります。

授業改善の視点4　言語活動を意欲的にする支援の基礎・基本

Case 18
子どもが教材を選べない

例：4年　登場人物の魅力を紹介しよう
「ごんぎつね（東書4下）」（読むこと）

Before

「ごんぎつね」はおもしろいけど，ずっと続いているから飽きちゃったな…。

After

ぼくは「おにたのぼうし」のおにたが気に入ったよ。
おにたの優しさを紹介したいな。

私は「ウエズレーの国」のウエズレーが大好き。次々にいろんなことを思いつくところがすごいよ。

興味関心・能力によって選べる教材を用意しましょう

　「自分の好きなものを選んで活動できる」ということは，教師の想像以上に子どもたちのモチベーションを高めます。教師から「読んで感想をまとめましょう。」と言われて提示された教材文よりも，自分が「これを紹介したい。」と思った作品の方が意欲的に取り組めるのは，当然のことです。加えて，自分の興味・関心で選んだ作品の方が，共通教材のときよりも力を発揮することができる場合も少なくありません。私が左頁の授業を行った際には，物語文を読むことに抵抗があるＡさんの姿が顕著でした。共通教材である「ごんぎつね」の学習では，やる気が出ない様子で，友達の意見を書き写す程度だったのですが，自分が選んだ作品である「おにたのぼうし」の学習では，一人で黙々と本に向かい，気になる叙述に付箋を貼ったり，付箋に書き込みをしたりして主体的に取り組み，「おにた」の気持ちの変化をしっかり捉えることができたのです。

　しかし，選択教材（並行読書材）は何でもよいというわけではありません。この「ごんぎつね」の単元では，「登場人物の魅力を紹介する」という言語活動を設定したため，４年生の子どもたちが登場人物に共感しやすい作品を提示し，その中から自分が気に入ったものを選べるようにしました。そして，共通教材である「ごんぎつね」で学んだ方法を活用して，自分で選んだ作品の紹介ができるように単元を展開しました。

　また，５年生の宮沢賢治の単元では，子どもたちの興味・関心だけでなく，読む力にも対応した並行読書材を用意しました。右の表のように提示し，内容だけでなく，作品の文量や難易度からも判断して選べるようにしたのです。

作品名	長さ	難しさ
ツェねずみ	5	やさしい
雪わたり	7	中くらい
貝の火	14	やや難しい
なめとこ山の熊	7	難しい

授業改善の視点4　言語活動を意欲的にする支援の基礎・基本

Case 19
子どもが題材，方法を選べない

例：2年　「絵を見てお話を作ろう（東書2下）」（書くこと）

Before

この絵からは，お話を考えるのが難しいな…。

After

ぼくは，○○の絵から，登場人物が〜するお話を考えたよ。これで書いてみよう！

●●の絵は，つながりを考えるのが難しそうだな。でも，これに挑戦してみよう！

ねらいに沿って選択できるものを設定しましょう

　選択できるものを設定することで、子どもたちの学びの充実につなげることができるのは、並行読書材だけではありません。子どもの学習活動の対象を「題材」としたとき、「話すこと・聞くこと」「書くこと」の単元においても、題材の選択は重要な要素です。

　左の事例は、連続性のある3枚の絵を見て、そこで起こったできごとを想像し、お話を書く単元です。教科書に提示されている3枚の絵は、クラス全体でお話を考えて書く「練習」に用います（Case16参照）。その後で、教師から提示された数種類の「連続性のある3枚の絵」の中から、自分の興味・関心に合ったもの、おもしろいお話が想像できるものを選び、書いていくのです。選択肢として用意する題材、つまり、「連続性のある3枚の絵」は、趣向の異なるものを用意し、子どもたちの様々な興味・関心に対応できるようにします。また、この単元の主なねらいは、「順序に沿ってつながりのある文章を書くことができること」ですので、ストーリーが容易に想像できるものと、事柄をつなげてストーリーを生み出すのが困難なものを用意することで、能力の差にも対応することができます。

　他の「書くこと」「話すこと・聞くこと」の単元においても、題材（何を表現するのか）、対象（誰に向けて表現するのか）、方法（どのような手順で活動するのか、何を用いて表現するのか）の選択ができるようにすることが可能です。例えば、授業改善の視点4でエピソードを示した「和の文化をプレゼンしよう」の単元では、プレゼンするための「スピーチメモづくり」や「フリップづくり」の活動手順を選択できるようにしました。またプレゼンの対象も、留学生、同級生の友達、下級生のいずれかから選べるようにし、「見知らぬ留学生に伝えるのは難しいけれど、下級生が興味をもってくれるように分かりやすく伝えられるようにがんばろう。」などの思いがもてるようにしました。その際、いずれの選択をしても単元のねらいが達成できるように設定しなければならないことは、言うまでもありません。

授業改善の視点4　言語活動を意欲的にする支援の基礎・基本

Case 20
チャンスを一度しか与えない

例：3年　「わたしたちの町の行事をしょうかいしよう（東書3下）」（話すこと・聞くこと）

Before

今日はいよいよ，調べてきたことを友達に発表します。一度しか発表できないので，頑張りましょう。

緊張するなあ。上手くできるかな。

After

それでは，2回目の発表を行います。

1回目では，聞いている人に「速すぎて分からないところがあった」と言われたから，今度は気を付けよう。

再チャレンジできる機会を設けましょう

　左の事例は自分の町の行事について話して伝える3年生の単元ですが，どの学年でも，スピーチやプレゼンテーションなどの言語活動を設定した単元があります。「話す」という言語活動の特徴は，瞬時に消えてしまうことです。「書くこと」であれば，何回も書き直し，練り直したものを相手に届けることができます。「話すこと」もスピーチメモやスピーチ原稿を練り直すことはできますが，いざ相手に届けるという場面では，一発勝負でやり直しがしにくいものです。

　その本番において，**Before**では，発表の機会を一度しか設定していませんが，**After**では，発表の方法を以下の通り工夫することにより，複数回設定しています。

発表の方法（個人発表の例）
　○クラスを数人のグループに分け，グループ内で順番に発表する。グループのメンバーを替えて，2回目の発表をする。
　○クラスを4グループ程度に分ける。はじめはAグループが発表者，BCDグループが聞き手となる。Aグループは，BCDグループそれぞれに（またはいずれか2グループに）発表する。以降，順にBCDグループが発表者となる。
発表の方法（グループ発表の例）
　○2～4グループ程度に分け，互いの発表を見合う。グループの分け方を替えて，2回目の発表をする。

　もうひとつ重要なのは，修正が可能な段階でリハーサルの機会を設けるということです。完全に仕上がった段階で修正の時間的ゆとりもないときにリハーサルをして，友達からアドバイスをもらっても，それを本番の発表に十分に生かすことができないからです。

授業改善の視点5　振り返り・評価の基礎・基本

子どもたちが「国語を勉強してよかった」「また頑張りたい」と思えるような振り返りの場を設定するとともに，適切に評価し，指導に生かしましょう。

振り返りとは，自分の学びの成果と課題を次につなげるもの

　研究授業の最後には，ほとんどと言えるくらい「本時の振り返り」の時間が設定されています。そして，単元を通した学習内容が印刷されていたり，子ども自身が学習内容を記入したりした一覧表に，○や△を付ける形式の振り返りの仕方も多く見られます。一覧表に感想などを書き加える場合もあります。記入後は，3人くらいが指名され，発表します。「友達と○○を話し合って，楽しかったです。」「今日は，○○を頑張りました。」授業の終わりぎりぎりの時ですので，すらすらと発言できる子が指名されることが多いです。

　では，これら一連の活動は何のために行われるのでしょうか。子どもたちが振り返りをすることには，何の意味があるのでしょうか。特に意味がないのであれば，また，日頃の授業では行わずに研究授業の単元だけで行うのであれば，やめてもよいと思います。

　一方で，私が参観した授業で，素晴らしい振り返りをしている姿を見たこともあります。そのひとつは，横浜市立並木中央小学校に以前勤務されていた小林真先生の6年生の授業でのこと。戦争や平和に関する自分の思いをプレゼンで伝えるために，プレゼンで用いる言葉の捉えについて友達と話し合い，深めた本時です。学びを振り返り，ノートにまとめる時間が日常的に設定されているとのことなのですが，ある女の子は，授業が終わっても何行も書き続けていました。その日は公開研究会当日だったため，まわりの友達が帰り支度を始めても書き続けています。やっと書き終えて鉛筆を置いたとき，

私は書き続けた理由をたずねました。すると，「今日，友達と話して分かったことや自分の考えが変わったことを書いておきたいからです。」と答えてくれました。「いつもやっているので。今日は忙しかったけれど，やっておきたかったので。」とも言っていました。その姿を見て，私は，これこそが子どもが自分の学びを意味付けし，次につなげる振り返りだと思いました。この女の子をはじめ，小林先生のクラスの子どもたちは，振り返りをノートに書くことで，自分の考えが整理できることを，身をもって分かっているのだと思いました。

　振り返りは，子ども自身が自分の学びの成果と課題を把握し，次の学習（日常生活の場合もあるかもしれません）につなげ，役立てるものです。

子どもの学びの成果と課題は，授業の成果と課題

　振り返りは，子ども自身が自分の学びを「評価」するものですが，では，教師は何のために子どもの学びを「評価」するのでしょうか。その意義は子どもの振り返りと同じで，子どもの学習の成果と課題を把握し，次につなげるためです。「次につなげる」とは，次にどのような指導，支援をすればよいかを考えるということです。いわゆる「指導に生かす評価」「指導と評価の一体化」と言われることです。

　子どもの学習の成果と課題は，そのまま教師の授業の成果と課題につながります。子どもがつまずいてしまったのは，指導や支援の仕方にどんな問題があったのか，指導や支援の仕方をどのように改善すれば，子どもたちは学習の成果を得られるのか，を考えるということです。例えば，授業後のノートやワークシートなどを見ることで，その日発言しなかった子どもの考えも知ることができ，「A子の考え方を次の授業で生かそう。」と案を立てることがあります。また，授業中には気付かなかったB子のつまずきを見付け，それを克服する方策を考えることもあります。

　すべての授業の子どもの実態を分析するのは，時間的に無理な話ですが，だからこそ，単元のねらいを明確にして計画的に評価することが大切です。

授業改善の視点5　振り返り・評価の基礎・基本

Case 21
振り返りが本時のねらいとズレている

例：5年　委員会活動のリーフレットをつくろう（書くこと）

Before

After

本時のねらいに沿った振り返りをさせましょう

　振り返りは，本時の目標に照らして，自分は何ができて何が不十分だったのかを振り返るものです。
　左の事例における本時の評価規準と子どもに示した本時のめあては，以下の通りです。

【本時の評価規準】
　下書きを読み直し，リーフレット全体の構成や記述を整えて清書している。(書くことオ　推敲)
【子どもに示した本時のめあて】
　構成や書き表し方を見直して，リーフレットを完成させよう。

　ここで言う「構成」とは，リーフレットのパーツのレイアウトのことであり，「記述」とは，内容の一貫性や図表の用い方などです。**After**では，これらのことについて適切に振り返っています。それに対して**Before**では，「文字の丁寧さ」「色の使い方」についての感想を述べるにとどまっており，適切な振り返りとは言えません。リーフレットで人に物事を伝える際には，文字を丁寧に書いたり，色を効果的に使ったりすることも大切な要素ですから，**After**の振り返りに付け加えて述べるのは，よいことです。しかし，本時のねらいに沿った振り返りの事項が抜けてしまったのでは，意味がありません。
　ではどうすれば**After**のような振り返りができるのでしょうか。
　それは，単元のねらいや本時のねらいを子どもたちがしっかり意識できるようにすることです。そのために，本時に至るまでの学習においても，「構成」や「記述」の指導事項を身に付けることを意識して活動を進められるようにしなければなりません。そして本時は，「構成」や「記述」について「推敲」する段階であることを明示して授業をすることが大切です。

授業改善の視点5　振り返り・評価の基礎・基本

Case 22
課題意識のない振り返りになっている

例：5年　委員会活動のリーフレットをつくろう（書くこと）

Before

レイアウトが出来上がったから，次からは，記事を分担して書けるね。

そうだね。自分たちが書きたい内容が，きれいにレイアウトできたね。

After

図書委員会の仕事で一番やりがいのある「読書週間の企画」に，大きなスペースをとってよかったね。

これを見て，4年生が，「図書委員になりたい」と思ってくれるといいね。

課題解決に沿った振り返りをさせましょう

　Case21で，本時のねらいに沿った振り返りをすることを示しましたが，それが子どもの課題解決に沿った振り返りになっていることが大切です。単元の言語活動は，子どもの課題解決の過程に位置付けられているからです。

　左は，委員会活動を紹介するリーフレットの構成であるレイアウト（リーフレットのどこに何をどれくらいの量で書くか）を考える授業においての振り返りです。単元における子どもたちの課題が「４年生が来年の委員会を選ぶためのリーフレットをつくる」であれば，「４年生が自分たちの委員会に入りたいと思ってくれるリーフレットのレイアウトになっているか」という意識で振り返ることになります。一方，「全校生に委員会活動を伝えるリーフレットをつくる」という課題であれば，活動内容の紹介のほかに，委員会からのお願いやお知らせなども盛り込んだレイアウトについて振り返ることになるでしょう。いずれにしても，「誰に向けて何のためにリーフレットをつくっているのか」という課題意識を明確にして，振り返りをすることが大切です。

　下は，「和の文化をプレゼンしよう」という単元の学習計画表です。

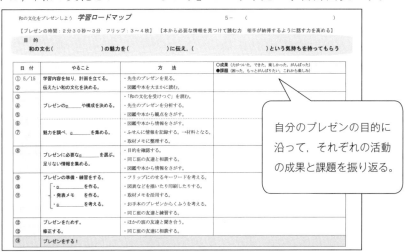

授業改善の視点5　振り返り・評価の基礎・基本

Case 23
振り返りが形骸化している

例：5年　宮沢賢治作品の魅力を交流しよう（読むこと）

Before

「楽しく読めたか」は○
「人物像をつかめたか」は△だな。

After

同じ作品を選んだ友達と，疑問点について話し合えたので，楽しく読み進めることができた。

登場人物の会話文に着目して繰り返し読むと，人物像をつかむことができた。

学びの成果と課題を振り返らせましょう

　振り返りは，子ども自身が自分の学びの成果と課題を把握し，次の学習（または日常での生活）につなげ，役立てるものです。そう考えると，「楽しく読めたか」「人物像をつかめたか」などのチェック表は形だけのものであることが分かります。なぜ楽しく読むことができたのか，どのようにして人物像をつかむことができたのかなどを把握することこそ，必要なことです。

　右は，「宮沢賢治作品の魅力を『読みログ』で交流しよう」という単元を終えたときの振り返りです。

　「人物像を考えながら読み重ねていくとどんどん面白くなる。自分の好きな本でも『読みログ』をやりたい。」という言葉から，この単元の学びを自分の読書生活に生かしていけると認識できていることが分かります。

> ①読みログを学習して…
> 読みログをやるとその物語の深いところまでさぐれてとても楽しくなった。そして人物像を考えると，1回目よりも回数を読み重ねていくと，どんどん面白くなっていた。1つ気づいたことは，なんか宮沢賢治さんのえがく物語の人物像は，自己中心的な人物が多いのかな？と思った。でも一つだけ解決をされた問題は，なぜ熊は小十郎の死体を囲んだのか。くへなめこすいこまれるようだ」はおもしろさがあった。他にも宮沢賢治さんの物語を調べて読んでみようと思う。そして，自分の好きな本でも読みログをやりたいなと思った。

授業改善の視点5　振り返り・評価の基礎・基本

Case 24
テストだけで評価している

例：5年　宮沢賢治作品の魅力を交流しよう（読むこと）

Before

このテストだけでは，人物像や物語の全体像について想像したことをまとめる力が付いているかどうか分からないわ…。

After

A子さんは，〜や〜という叙述から，紳士の人物像を「愚か」と捉えている。叙述を根拠に想像しながら読むことができているわ。

言語活動の実態を評価しましょう

左の事例の単元目標及び評価規準は以下の通りです。

【単元の目標】
　宮沢賢治の作品を読んで，人物像や物語の全体像について想像したことを基に，おもしろさをまとめることができる。
【単元の評価規準（一部）】
・宮沢賢治の作品を読み，比喩や反復などの表現の工夫に気付いている。
　　　　　　　　　　　　　　　　　　　　　　　　（知識及び技能(1)ク）
・宮沢賢治の作品を読み，人物像や物語の全体像について想像したことを基に，おもしろさを「読みログ」のコメントにまとめている。
　　　　　　　　　　　　　　　（思考力，判断力，表現力等　C読むことエ・オ）

　これらのことについてどの程度達成しているのかを評価するためには，ある一場面を取り上げて読み取りをさせる一問一答式のペーパーテストだけでは無理です。また，評価を指導に生かすためには，最終の姿だけを見取り，評価するのでは不十分です。そこで，言語活動（ここでは，作品のおもしろさを『読みログ』という記録用紙にまとめること）の過程を見取っていくわけです。具体的には，「『注文の多い料理店』の『二人の紳士』の人物像について，複数の叙述を根拠に捉えることができているか。」「物語の全体像，つまり，作品のストーリー展開のおもしろさや，作品から受け取るメッセージなどを，叙述を根拠にまとめることができているか。」などについて，発言の内容，話し合いの際のノートの記述，「読みログ」の記述から評価するわけです。

　とは言っても，毎時間，全員について把握するのは容易なことではありません。座席表を用いて活動の様子をメモしたり，必要に応じてノートを提出させて記述を確認したりして，子どもたちの実態をつかんでいきます。

授業改善の視点5　振り返り・評価の基礎・基本

Case 25
評価のための評価になっている

例：5年　宮沢賢治作品の魅力を交流しよう（読むこと）

Before

B子さんは，紳士の人物像を「物知り」としか捉えていないわ。根拠となる叙述も書かれていないし，ちゃんと読めていないのね。

After

B子さんは，紳士の人物像を「物知り」と捉えていて，根拠となる叙述は書かれていない。グループでの読みの交流のさせ方が適切ではなかったのかもしれないわ。
次時は，異なる読みの友達と交流させてみようかしら。

評価を指導に生かしましょう

　当然のことですが，評価は通知票の評定を付けるためのものではありません。子どもたちの学びの実態から自分の授業を見直し，改善したり，次時でするべき支援を考えたりするためのものです。

　左の事例では，人物像について叙述を根拠に想像することが本時のねらいとなっています。B子さんのように，人物像の捉えが一面的であったり根拠となる叙述が指摘できていなかったりという状況を見取った場合，「B子さんは読むことが不十分な子」と評価しておしまいでは，「指導に生きる評価」となり得ません。B子さんが不十分だった理由を考え，「読みの交流のさせ方が適切ではなかったのかも。」「個別の支援が不十分だったのかも。」などと自分の授業を見直すことが必要です。そして次の学習活動を，根拠となる叙述を明確にして交流できるよう改善，変更する，といったことが有効です。

　また，子どもたちが記述した「振り返り」の言葉から，授業改善を図ることもできます。そのためには，成果だけを振り返るのではなく，「難しかったこと」「よく分からなかったこと」「困ったこと」「もっと頑張りたいこと」などについても振り返ることができるようにすることが必要です。例えば，「人物像の根拠となる文をどこから探せばよいか分からなかった。」という振り返りがあった場合，「登場人物の会話文や行動描写に着目させる支援をもっと明確にしなければならない。」といった授業の改善点が見つかります。

　さらに，授業で見られた子どもの姿やノートの記述から教師が評価したことについて，子どもたちにフィードバックすることも大切です。「〜が素晴らしいから続けるといいよ。」「〜するともっとよくなるよ。」などと個別に声を掛けたりノートにコメントを書いたりすることもその一つです。望ましい個の姿を具体的にクラス全員に紹介し，価値付けするという方法もあります。その際には，「できるA子さん」ばかりを取り上げるのではなく，「授業中の活躍は顕著ではないB男さん」や「国語が苦手だけれど頑張ったC子さん」のよさをこそ，見取り，全体の前で価値付けしたいものです。

第2章

子どもが必ず熱中する！
領域別・授業づくりアイデア20

■1年：尋ね・応答する活動

話すこと・聞くことの授業アイデア
1 「すきなものクイズ」をしよう

1 単元のねらい

自分が好きなものから話す話題を決め，伝えるために必要な事柄を選んだり，互いの話に関心をもち，相手の発言を受けて話をつないだりすることができる。

2 単元の評価規準

○主語と述語の関係に気付き，適切に対応させている。　　　（知・技(1)カ）
○丁寧な言葉遣いでクイズのやりとりをしている。　　　　　（知・技(1)キ）
○自分が好きなものや好きな活動からクイズにする話題を決め，出題するために必要な事柄を集めている。　（思・判・表：話すこと・聞くことア）
○互いの話に関心をもち，相手の発言を受けて質問したり応答したりして話をつないでいる。　（思・判・表：話すこと・聞くことオ）
○クイズを出し合うことに関心をもち，進んで話題を見付けたり，ヒントや質問を考えようとしたりしている。　（主体的に学習に取り組む態度）

3 単元の言語活動

本単元では，「A話すこと・聞くこと」の指導事項から，ア・オを重点的に指導するため，以下のような形式の「すきなものクイズ」を設定した。

●クイズの対象

食べ物，動物，遊び，学習など身近なものの中で自分が「好きなもの」に限定することで，伝えたい思いを高める。クイズで相手に当ててもらうために，多くの友達が知っている事柄を選ぶ。対象物の特徴をヒントとする。

●クイズの形式

出題者は初めにヒントを一つだけ伝える。回答者は，三つの質問をしてから回答する。誤答だった場合は，質問を重ねる。質問をしながらクイズを進めていくことで，話をつなげる力を育てる。

●クイズの進め方
　２人一組となり，出題者２名，回答者２名の４人でクイズを行う。質問の仕方や応答の仕方を２人で相談する場を設けるためである。４人の出題が済んだら，ローテーションで相手を変え，クイズを繰り返す。
●クイズのやりとりの例

出題者	私の好きなおやつを当ててください。色は茶色です。さて何でしょう。
回答者	分かりません。どんな形ですか。→質問①
出題者	丸い形です。
回答者	（おせんべいかな，クッキーかな，ホットケーキかな。）どんな味ですか。→質問②
出題者	あまい味です。
回答者	（クッキーかホットケーキかもしれない。）どのくらいの大きさですか。→質問③
出題者	これくらいです。（手で示す。）
回答者	分かりました。○○さんの好きなおやつは，ホットケーキですね。
出題者	正解です。
（正解しなかった場合は一問一答で続ける）	
回答者	どのように食べますか。→追加の質問
出題者	フォークで切って，はちみつをかけて食べます。
回答者	分かりました。○○さんの好きなおやつは，ホットケーキですね。ぼくも，ホットケーキは好きです。ジャムをのせてもおいしいですよね。（最後に相手の好きなものへの感想を述べる。）

4　単元展開（全8時）

[第1次（1時間）]

・教師のクイズに質問したり回答したりして，ルールを知り，単元の見通しをもつ。

[第2次（5時間）]

・クイズの話題を探し，クイズをつくる。
・「クイズのお試し」をして，ヒントや質問の観点に気付く。（本時）
・自分のクイズのヒントや質問の答えを考える。
・「クイズのお試し」をしてクイズを完成させる。

[第3次（2時間）]

・クイズ大会をする。　・本単元を振り返る。

5　本単元指導のポイント

❶クイズが完成してからクイズ大会を開くのではなく，クイズをつくっている過程でも「クイズのお試し」をすることで，よりよいクイズをつくったり，よりよいやりとりをしたりできるようにする。　　　　【Case20】

❷「クイズのお試し」の際には，「どのような質問をしたら答えが分かるのか。」「その質問はなぜしたのか。」などと発問し，考えさせることで，質問の観点や質問の仕方を教師から与えられるのではなく，子ども自ら考えることができるようにする。　　　　　　　　　　　　　　【Case7】

❸2人一組となり，出題者2名，回答者2名の4人でクイズを行う。やりとりに自信がない子もペアの友達と相談しながら質問や回答をできるようにしたり，同じ立場のペアの友達との間にも対話が生まれ，互いの話を聞き合う機会を設けることができるようにしたりするためである。【Case14】

6　本時の指導（第4時）

[題目]　クイズのおためしをしよう

[目標]　互いの話のやりとりから正解にたどり着くためには，どのような質問や応答をすればよいかを考え，相手の発言を受けて話をつなぐことができる。　　　　　　　　　　　　　　　　（話すこと・聞くことオ）

[展開]

学習活動及び子どもの様相	支援及び指導上の留意点
❶本時の課題を確認する。 　クイズのおためしをしよう ❷クイズを試す。 ・初めのヒントで「赤くて小さいです。」と言ったら，答えがすぐに分かってつまらないよ。 ❸クイズを試して気付いたことを話し合う。 ・初めのヒントは，答えが特定できないものの方がおもしろいね。 ・質問は，色や形，大きさなどを聞くといいね。 ・二つ目や三つ目の質問は，答えを予想してからするといいね。 ❹質問の観点に沿って，クイズのヒントをカードに書き足す。 ❺本時を振り返る。 ・答えを予想して質問するといいことが分かった。	○前時に作ったクイズを友達に試す時間であることを確認し，意欲を高める。 ○本番のクイズ大会と同じように，2人一組となって活動させることで，相談し合ったり，よさや改善点を指摘し合ったりできるようにする。 ○三つの質問を経て正解を導くことがこのクイズのおもしろさであることに気付かせ，どのような質問や回答をすればよいか，全体で話し合わせる。 ○どんな質問が有効であったかを問いかけ，質問の観点として，五感を使ったもの（色，形，大きさ，味，におい，手触りなど）や状況（いつ，どのように，どこなど）に気付かせる。 ポイント❷ ○❸により気付いた観点を整理してまとめ，掲示したり子どもの手元に配布したりして，次時からの活動に役立てることができるようにする。 ○本時のお試しで分かったことの振り返りを促す。

■3年：インタビュー

話すこと・聞くことの授業アイデア
2　インタビュー名人をめざそう

1　単元のねらい
　必要なことを記録したり質問したりしながら聞き，相手が伝えたいことや自分が聞きたいことの中心を捉えて，自分の考えをまとめることができる。

2　単元の評価規準
○インタビューに応じる相手を見て話したり聞いたりするとともに，丁寧な言葉遣いで話している。　　　　　　　　　　　　　　　　（知・技(1)イ）
○スーパーマーケットで働く人の工夫や努力を知るために必要な語句を適切に書き留めている。　　　　　　　　　　　　　　　　　（知・技(2)イ）
○スーパーマーケットで働く人の工夫や努力を知るために必要なことを記録したり質問したりしながら聞き，相手が伝えたいことや自分が聞きたいことの中心を捉えて，自分の考えをまとめている。
　　　　　　　　　　　　　　　（思・判・表：話すこと・聞くことエ）
○「スーパーマーケットのひみつ」をまとめるためにインタビューすることに関心をもち，自分が聞きたいことを明確にもってインタビューしようとしている。　　　　　　　　　　　　　　（主体的に学習に取り組む態度）

3　単元の言語活動
　本単元では，「A話すこと・聞くこと」の指導事項エを重点的に指導するため，社会科の単元「スーパーマーケットのひみつ」との関連を図り，スーパーマーケットで働く人にインタビューをするという言語活動を設定した。この指導事項は，「知識・技能(2)イ情報の整理」との関連が深い。インタビューによって得た情報を書き留めるためには，目的を意識して必要な語句を判断することが大切である。したがって，羅列的に書き出したり，機械的にメモの仕方を覚えたりするのではなく，「スーパーマーケットのひみつ」をまとめるために自分が聞きたいことは何かを念頭に置きながら，落としては

いけない語句を適切に捉え，それを書き留めることができるようにする。同様に，自分が聞きたいこと，知りたいことは何かを明確にもって，質問したり，考えをまとめたりすることができるようにする。
　そのために，以下のインタビューシートを活用する。

インタビューシート

知りたいこと

> スーパーマーケットでは，お客さんにたくさん買ってもらうために，どんなくふうをしているのか。

質問①

> お客さんに商品をせんでんするために，どんなことをしていますか。

> （よそう）チラシをくばったり，かんばんを立てたりしている。

分かったこと
・

ついかの質問
・チラシは週に何回くらいくばっているか。
・チラシにはどんなことをのせるか。
・かんばんは，だれが作るのか。

・知りたいことを明確にしておく。
・質問に対する答えを予想し，そのことについて追加の質問も考えておく。

質問②（2枚目に続く）

4　単元展開（全4時）

※国語科での4時間と社会科「スーパーマーケットのひみつ」での13時間を合わせて実施する。

［第1次（1時間）］
・社会科での，スーパーマーケットで働く人の工夫や努力について調べることを受け，インタビューの見通しをもつ。

［第2次（3時間）（社会科で3時間）］
・司書教諭を対象にクラス全員でインタビューの仕方を考え，練習する。
　　　　　　　　　　　　　　　　　　　　　　　　　　　　（本時）
・社会科で学習した「スーパーマーケットのひみつを知るためにインタビューしたいこと」を基に，インタビューメモをつくる。
・スーパーマーケットでインタビューする。

［第3次（社会科）］
・インタビューの仕方を振り返り，インタビューで分かったことをまとめる。

5　本単元指導のポイント

❶社会科の単元との関連を図ることで，インタビューすることへの必然性を増すとともに，インタビューの成果を振り返ることができるようにする。つまり，インタビューにより自分が知りたい情報を得ることができたかどうかを，質問の仕方や話の聞き方，メモの取り方などと関係付けて振り返らせる。
　　　　　　　　　　　　　　　　　　　　　　　　　【Case4，23】
❷司書教諭を対象にクラス全員でインタビューの仕方について考える時間を設け，その学びを生かして実際のスーパーマーケットでのインタビューができるようにする。
　　　　　　　　　　　　　　　　　　　　　　　　　　　【Case16】

6　本時の指導（第4時）

［題目］　司書の先生にインタビューしよう
［目標］　司書教諭の工夫や努力を知るために必要なことを記録したり質問したりしながら聞くことができる。　　　　（話すこと・聞くことエ）

[展開]

学習活動及び子どもの様相	支援及び指導上の留意点
❶本時の課題を確認する。 　司書の先生にインタビューしよう ❷インタビューシートに「予想」と「追加の質問」を記入する。 　・（質問①の予想） 　　お話会をしている。 　　（追加の質問） 　　お話会の本はどのように選ぶのか。 ❸司書教諭にインタビューする。 　（記録の様相） 　・お話会 　→月に1回 　　低学年中心 　・新しい本の紹介 　→図書だより ❹インタビューの仕方や記録の仕方について振り返る。	○スーパーマーケットでのインタビューに向けて，記録の仕方や質問の仕方を学ぶための本時であることを確認する。 ○インタビューの練習の活動であるため，「知りたいこと」と「質問」はあらかじめ設定，記入したシートを活用する。（知りたいこと…全校生がたくさん図書室を利用するためにどんな工夫をしているか。　質問①本を好きになってもらうためにどんなことをしているか。②図書室の環境で気を付けていることは何か。など） ○クラス全体でインタビューを行い，指名された子が質問し，回答を全員で記録することで，インタビューの仕方を共有できるようにする。 ○一つ目の質問が終わった後に，記録（メモ）の取り方について話し合う場を設け，箇条書きや矢印を使ったり，短い言葉で書いていたりする子どもを紹介，価値付けする。 ○本時で学んだことを実際のスーパーマーケットのインタビューで生かすことができるよう，助言する。

■4年：話し合い

話すこと・聞くことの授業アイデア
3　クラスの話し合いをよりよいものにしよう

1　単元のねらい
　司会，提案者，参加者というそれぞれの役割を意識しながら，話題に沿って話し合うことができる。

2　単元の評価規準
○自分や友達の考えとそれを支える理由や事例の関係について理解している。
　　　　　　　　　　　　　　　　　　　　　　　　　（知・技(2)ア）
○学級会の議題について，司会，提案者，参加者というそれぞれの役割を意識しながら，話題に沿って話し合っている。
　　　　　　　　　　　　　　　　（思・判・表：話すこと・聞くことオ）
○学級会の議題について，皆が納得する結論になるように，話題に沿って進んで話し合おうとしている。　　　（主体的に学習に取り組む態度）

3　単元の言語活動
　本単元では，「A話すこと・聞くこと」の指導事項オを指導するために，クラスで話し合う活動を設定した。
　単元の導入では，学級活動における日頃の話し合いで問題となっていることを挙げ，「問題点を解決するにはどのような話し合いの態度や技能を身に付ければよいのか」という課題を設定する。話し合いの議題には実生活で生かすことができることを取り上げ，言語活動の成果がクラス全体で実際に共有できるようにする。

4　単元展開（全7時）
[第1次（1時間）]
・クラスの話し合い活動で問題になっている点を挙げ，「問題点を解決するための話し合いの態度や技能を身に付ける」という単元の課題を設定する。
　（問題点の例：同じ人ばかりが発言する，意見の対立が続く）

[第2次（5時間）]
・教科書掲載の話し合いのモデルを聞き，よいところを見つける。
・議題「給食調理員さんへ感謝の気持ちを伝えるために何をするか」を設定し，自分の考えと理由をまとめる。
・1回目の話し合い（A班）を行い，よさと改善点を伝え合う。
・2回目の話し合い（B班）を行い，よさと改善点を伝え合う。（本時）

[第3次（1時間）]
・単元の学習のまとめと振り返りをする。

5　本単元指導のポイント

❶単元の導入で，クラスの話し合いにおける実際の問題点について考えさせることで，この学習の目的意識を明確にもたせる。　　　　　【Case 4】

❷教科書掲載の話し合いのモデルをCDで聞き，自分たちの話し合いに生かしたい言葉を子どもたちに指摘させた上で，その言葉がなぜ有効なのかを話し合わせることで，望ましい話し合いのための言葉遣いを意識できるようにする。　　　　　　　　　　　　　　　　　　　　　【Case 6, 16】

❸教科書のモデルから見付けた言葉遣いや，自分たちの実際の話し合いの中で気付いた望ましい言葉遣いを短冊で掲示し，活用したり振り返りの根拠としたりできるようにする。　　　　　　　　　　　　　　　　【Case 17, 22】

子どもが挙げた「使いたい言葉」の例

司会者・分からないことはありませんか。
　　　・〜ということでいいですか。
　　　・待ってください。話がそれています。
　　　・〜という意見が多く出ました。
発言者・〜さんの意見を聞いてそうかもしれないと思いました。
　　　・〜さんと理由が似ているのですが〜。

❹クラスを二分して話し合いを行い，一方の班がもう一方の班の話し合いの様子を観察して，よかったことや改善点を伝え合う。司会者も5分交代で分担し，多くの子が経験できるようにする。　　　　　　　　【Case14】

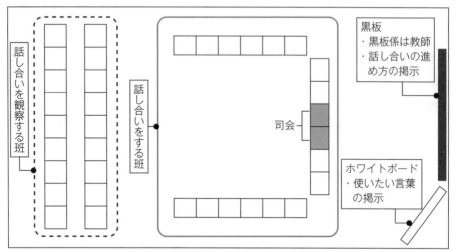

❺第3次では，クラスの実際の問題点に戻って学習のまとめをする。その際，「使ってみたい言葉」の短冊を基に，クラスの話し合いの問題点を解消するためのポイントをまとめ，今後の学級活動などに生かせるようにする。また，クラスの問題点について，「自分はどうか」という視点で振り返ることができるようにする。　　　　　　　　　　　　　　【Case22, 23】

(振り返りの例) 今までは自分の意見を曲げなかったけれど，友達の意見と似ているところを探して合意し，話がまとまるようにしたい。

6　本時の指導（第5時）

[題目]　B班の話し合いをしよう

[目標]　議題について，考えの理由や事例を挙げて話題に沿って話し合ったり，話し合いを聞いてよいところや改善点を指摘したりすることができる。

　　　　　　　　　　　　　　　　　　　　　　　　（話すこと・聞くことオ）

[展開]

学習活動及び子どもの様相	支援及び指導上の留意点
❶本時の課題を確認する。 　　B班の話し合いをしよう ・ぼくは司会者として，話題がずれたときに，もとに戻せるようにしよう。 ・私は自分の意見を曲げないことがあるので，友達の考えの理由もよく聞いて，同じところを見付けるようにしよう。 ❷議題「給食調理員さんへ感謝の気持ちを伝えるために何をするか」について話し合う。 ❸話し合いのよかったことや改善点を伝え合う。 ・司会者が「CさんとDさんの意見は○○ということが同じということでいいですか。」と確認してまとめていたので，話が先に進んだ。 ・△△についての話し合いが長引いたので司会が「▼▼についてはどうですか。」と別の話題に進めればよかった。	○前時のA班の話し合いのよさや改善点を生かして話し合えるよう意欲付けを図る。 ○単元の導入で挙げた，クラスの話し合いの実際の問題点から，自分の課題を明らかにして，本時の話し合いで頑張りたいことを明確にもつことができるようにする。 ○A班の子どもは，B班の話し合いの様子を記録し，よさや改善点を見付けるよう促す。 ○教師も参加者として話し合いに積極的に介入し，クラスの問題点として挙がっている点について，望ましい発言のモデルを示す。 ○「使いたい言葉」の掲示物をもとに，よかったところを価値付けすることで，よりよい話し合いの態度や技能を子どもたちが意識的に身に付けることができるようにする。　　　　ポイント❸ ○改善点については，どうすればよかったのか改善案を考えさせることで，今後の話し合いに生かすことができるようにする。

■5年：プレゼンテーション

話すこと・聞くことの授業アイデア
4　和の文化をプレゼンしよう

1　単元のねらい
　和の文化の魅力を伝えるという目的をもち，必要な情報を見付けて読んだり，集めた材料を関係付けながら表現を工夫して話したりすることができる。

2　単元の評価規準
〇話し言葉と書き言葉との違いに気付いてスピーチの言葉遣いを工夫している。　　　　　　　　　　　　　　　　　　　　　（知・技(1)イ）
〇和の文化の魅力を説明するために，集めた材料を分類したり関係付けたりして，プレゼンの内容を検討している。
　　　　　　　　　　　　　（思・判・表：話すこと・聞くことア）
〇和の文化を説明するために，図表を活用して，自分の考えが伝わるように表現を工夫している。　（思・判・表：話すこと・聞くことウ）
〇和の文化の魅力を説明するために，文章と図表などを結び付けて必要な情報を見付けながら図書資料を読んでいる。　（思・判・表：読むことウ）
〇和の文化の魅力を効果的に伝えることに関心をもち，情報を収集したり表現を工夫したりしようとしている。　（主体的に学習に取り組む態度）

3　単元の言語活動
　本単元では，上記の指導事項を指導するため，「自分が選んだ和の文化の魅力について図書資料で調べ，プレゼンテーションで説明する」という言語活動を設定した。本単元では，プレゼンテーションを「話し言葉に加え，図表，具体物等の資料を提示したり，実演を交えたりしながら説明し，聞き手に，和の文化の魅力についての納得を促すこと」と定義する。
　伝える内容は，子どもたちが複数の図書資料を概観した上で，興味をもっているものやこれまでの経験を生かせるものとして，和服，扇子，和食，畳，茶道，剣道，ひな祭り，折り紙など様々なものから選べるようにする。これ

らの魅力を伝える相手としては、「宇都宮大学の留学生、下級生、同級生の友達」の中から選ぶようにする。伝える内容と相手を自ら設定できるようにすることで「自分が選んだ和の文化の魅力を伝えたい」という目的意識を強くもたせることができる。

4　単元展開（全14時）

[第1次（2時間）]
・和の文化に関する本を読み始める。（事前）
・教師のプレゼンを聞き，教材文「和の文化を受けつぐ」（東書5年）を読んで，学習内容を知る。
・自分が説明したい和の文化を決め，学習計画表を作成して単元の見通しを立てる。

[第2次（11時間）]
・教材文「和の文化を受けつぐ」を読んだり，教師のプレゼンを分析したりして，構成，説明の観点，資料の効果などについて話し合う。
・自分が選んだ和の文化の魅力について，図書資料で調べ，伝える材料を集める。
・魅力を伝えるために必要な材料を選んで整理したり，足りない材料を追加したりする。
・効果的なプレゼンの仕方を話し合い，フリップや発表メモをつくったり，練習したりする。
・プレゼンを聞き合ってよさや改善点を交流し，修正したり仕上げたりする。
（本時：第1時／全2時間）

[第3次（1時間）]※昼休みを含む。
・自分が選んだ相手に自分が選んだ和の文化の魅力をプレゼンし，学習計画表で振り返る。

5　本単元指導のポイント

❶本番のプレゼンまでに子どもたちが行う作業がとても多い。そこで，学習計画表（「学習ロードマップ」）に，「目的」「日付」「やること」「方法」を

明記し，振り返りを「成果と課題」として記入させる。これにより，子どもが活動の見通しをもてるようにするとともに，子どもの活動の様子（できたこと，頑張ったこと，困っていることなど）を教師が把握し，授業の導

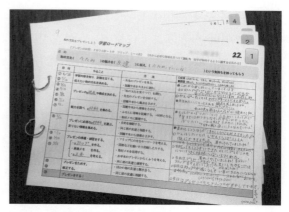

入時に前時の様子を賞賛したり，価値付けしたり，共有させたりできるようにする。
【Case21, 22】

❷プレゼンメモ（発表メモ）は，要点を箇条書きしたものを例示したが，心配な場合は原稿を起こしてもよいとし，また，取材メモの付箋を活用してもよいこととして，それぞれの思考しやすい形を選択できるようにする。その際，どのようなプレゼンメモであれ，「読む」のではなく自分の言葉として「話す」ことを意識できるよう助言する。　【Case19】

❸プレゼンを練習する際にはタブレットPCを活用して録画し，話し方や資料提示の仕方を振り返ることができるようにする。
【Case20, 21】

6　本時の指導（第12時）

[題目]　プレゼンのお試しをしよう

[目標]　聞き手の納得を促すために，言葉の選び方，話し方，資料提示の仕方などについて，自分や友達のプレゼンのよさや改善点に気付くことができる。
（話すこと・聞くことウ）

[展開]

学習活動及び子どもの様相	支援及び指導上の留意点
❶学習計画表を見て，前時までの成果と本時の課題を確認する。 　　プレゼンのお試しをしよう ❷A児のプレゼンの動画を視聴して，よさや改善点について全体で話し合う。 ・大切なところは間を開けてフリップを指差しながら話しているので，一度聞いただけで分かるね。 ・フリップを見ながら話している時間が長いから，もう少し目線を上げると，相手の気持ちをつかめるかもしれないよ。 ❸友達とプレゼンを聞き合い，表現の工夫について交流する。 (1)自分のプレゼンを見直す。 　・間をおいて話す言葉はこれでよいかな。 (2)友達とプレゼンを聞き合い，よさや改善点を交流する。 　・留学生に着物を着てみたいと思ってもらえるように，模様の美しさをゆっくり強調して話したけれど，どうだったかな。 　→大切な言葉の前には，相手をしっかり見て，ゆっくり話したことが上手だったよ。柄の説明では，どのイラストなのか指を差すともっと分かりやすいね。	○学習計画表を基に，これまでの成果と課題を確認するよう促すことで，本時は，聞き手が納得するプレゼンにするために異なるテーマの友達と交流することを理解できるようにする。 　　　　　　　　　　　　ポイント❶ ○前時までに累積している「プレゼンのワザ」のワークシートを基に，①一度聞いただけで内容を理解してもらう。②「なるほど」という気持ちにさせる。③フリップが役立つようにする。という観点に沿って話し合わせることで，説得力のある表現の工夫の仕方に気付くことができるようにする。 ○板書やワークシートを基に❷を生かして自分のプレゼンを見直すよう促したり，交流後に改善点を挙げて実際に修正する次時を保障したりすることで，自分の表現を繰り返し見直すことができるようにする。 ○必要に応じて，「プレゼンのワザ」のワークシートや発表メモを見合うよう声を掛けることで，互いのプレゼンのよさに気付いたり，改善点をアドバイスしたりできるようにする。 ○新たな表現の工夫に気付いている子どもや，交流を生かしてよさや改善点を見付けている子どもを意図的に取り上げ，賞賛した上で，学習計画表に振り返りを書く場を設けることで，本時の活動の成果に気付くとともに，次時の課題をもてるようにする。

■5年：スピーチ

話すこと・聞くことの授業アイデア
5　6年生におくる字をすいせんしよう

1　単元のねらい

6年生に贈るのにふさわしい漢字を推薦するために，漢字の意味やエピソードなどの根拠を明確にし，構成を考えてスピーチすることができる。

2　単元の評価規準

○推薦するために思考に関わる語句の量を増し，スピーチの中で使ったり，適切な言葉の使い方を意識して話したりしている。　　　　　（知・技(1)オ）
○6年生に贈るのにふさわしい漢字を推薦するために，漢字の意味やエピソードなどの根拠を明確にし，構成を考えて話している。
　　　　　　　　　　　　　　　　　　（思・判・表：話すこと・聞くことイ）
○6年生に贈るのにふさわしい漢字をスピーチで推薦することに関心をもち，自分の考えが効果的に伝わる構成や話し方を考えようとしている。
　　　　　　　　　　　　　　　　　　　　　　　（主体的に学習に取り組む態度）

3　単元の言語活動

本単元では，卒業を間近に控えた6年生に贈るのにふさわしい漢字をスピーチで推薦するという言語活動を設定した。ここで重点的に扱う指導事項は「A話すこと・聞くこと」イ及び，「知識及び技能」(1)オであり，以下の通り捉える。

Aイ（構成の検討，考えの形成）話の内容が明確になるように，事実と感想，意見とを区別するなど，話の構成を考えること。
・話の内容が明確になるようにとは，推薦する意図が伝わるように
・事実とは，漢字の意味　エピソード　・意見とは，推薦する理由
・構成とは，どんな事柄をどんな順序で伝えるか

知識・技能 (1)オ <u>思考に関わる語句</u>の量を増し、話や文章の中で使うとともに、語句と語句との関係、語句の構成や変化について理解し、語彙を豊かにすること。また、語感や<u>言葉の使い方</u>に対する感覚を意識して、語や語句を使うこと。

・<u>思考に関わる語句</u>とは、推薦する根拠を明確にするための語句

　　～と思ったので　　～ということから

　　また～ということからも　　さらに～

・<u>言葉の使い方</u>とは、推薦するための語句

　　～にぴったりです　　まさに～です　　～しかありません

スピーチの例

①すいせんするのは何か	②漢字の意味	③すいせん理由	④エピソード1	⑤エピソード2	⑥すいせん理由
私が六年生へおくる漢字としてすいせんするのは、「照」という漢字です。	この字を漢字辞典で調べると、光がすみずみに届いていることを表していることが分かります。また「照らす」は「光をあてて明るくする。」という意味です。	六年生は、いつもみんなの中心にいて、明るくかがやいていると思いませんか。また、みんなの一人一人に明るいやさしさを届けていることからも、「照」という字は六年生の姿を表すのにぴったりだと思ったので、「照」の字をすいせんします。	運動会での応援合戦を思い出してください。六年生の応援は、自分たちのチームだけでなく、全員を楽しませてくれるものでした。六年生が教えてくれた応援歌を、みんなでいっしょに歌いましたね。中心となって、学校全体を明るくもり上げてくれました。	行事のときだけではありません。休み時間にはいつも、六年生の周りに下級生たちが集まります。みんなで楽しく過ごせるように、六年生が新しい遊びをいろいろ考えてくれるからです。	学校をいつも明るく「照らし」、だれにでもやさしさを届けてくれる六年生は、みんなの人気者です。そんな六年生におくる漢字は、「照」しかありません。六年生への尊敬の気持ちと、これまでの感謝をこめて、「照」という漢字をおくりましょう。

4　単元展開（全6時）

［第1次（1時間）］
・クラスで贈る漢字を決めるために，ふさわしい字を推薦し合うという活動内容を知り，自分が推薦したい漢字を考える。

［第2次（3時間）］
・推薦するためには，どんな材料を集めればよいか，教科書のスピーチ例を読んで考える。（漢字の意味，エピソード）
・自分が推薦したい字を決め，意味を調べたり，エピソードを思い出したりして，ノートにメモする。
・教科書のスピーチ例の構成を分析する。
・自分のスピーチの構成を考え，原稿（メモでもよい）を書く。　｝（本時）
・推薦のために使うと効果的な言葉について話し合う。
・スピーチ原稿を見直し，スピーチの練習をする。

［第3次（2時間）］
・スピーチをして，贈る漢字を決める。寄せ書きを書く。

5　本単元指導のポイント

❶スピーチの構成を考える際には，「なぜそのような順番で事柄を並べたのか。」「そのような構成にするとどんな効果が生まれるのか。」について問い返し，事柄を伝える順序を変えることの効果に気付くことができるようにする。　　　　　　　　　　　　　　　　　　　　【Case 8】

❷スピーチは，クラス全体で1回ずつ行うのではなく，7～8人のグループで3回程度行うようにし，発表の機会を複数回設け，修正，改善を促す。
　　　　　　　　　　　　　　　　　　　　　　　　　　　　　【Case20】

6　本時の指導（第3時）

［題目］　スピーチの構成を考えよう

［目標］　構成の効果に気付き，推薦理由，エピソードなどの事柄を伝える順序を考えることができる。　　　　　　（話すこと・聞くことイ）

[展開]

学習活動及び子どもの様相	支援及び指導上の留意点
❶本時の課題を確認する。 　スピーチの構成を考えよう ❷例文の構成を分析する。 　①推薦するのは何か　②漢字の意味 　③推薦理由　④エピソード１ 　⑤エピソード２　⑥推薦理由 ・推薦するのは何か，その漢字にはどんな意味があるかを最初に話しているのは，分かりやすく伝えるためだろう。 ・推薦理由を２回伝えているのは強く推薦するためだろう。 ❸自分のスピーチの構成を考える。 (1)個人で考える。 (2)考えた構成を発表し合い，その意図や効果について話し合う。 　・推薦するのは何かをあえて最初に伝えないことで，聞き手の興味をひくようにした。 (3)自分のスピーチの構成を確定する。 ❹スピーチ原稿（メモ）を書く。	○構成とは「推薦理由，エピソードなどの事柄をどのような順序で伝えるか」であることを確認する。 ○例文は形式段落ごとにどのような内容が書かれているかを話し合わせ，構成を理解できるようにする。 ○例文はなぜこのような構成になっているのか問いかけ，その効果について考えることができるようにする。 ○「なぜそのような順番で事柄を並べたのか。」を問い返すことで，構成の効果について考えることができるようにする。 　　　　　　　　　　　　ポイント❶ ○全体で話し合った後で自分の構成を考え直す機会を設けることで，より効果的な構成を考えることができるようにする。

■1年:観察記録文

書くことの授業アイデア
6　わたしの　はっけん

1　単元のねらい
　身の回りの植物から書くことを見付け，必要な事柄を収集して，語と語の続き方に注意しながら，内容のまとまりが分かるように書くことができる。

2　単元の評価規準
○助詞の「は」「へ」「を」の使い方や句読点の打ち方を理解して，身の回りの植物の様子を書いている。　　　　　　　　　　　　　　（知・技(1)ウ）
○身の回りの植物から書くことを見付け，必要な事柄を集めたり確かめたりしている。　　　　　　　　　　　　　　（思・判・表:書くことア）
○身の回りで見付けた植物の様子を友達に伝えるために，語と語の続き方に注意しながら，内容のまとまりが分かるように書いている。
　　　　　　　　　　　　　　　　　　　　　　（思・判・表:書くことウ）
○身の回りの植物の様子を書いて伝えることに関心をもち，楽しく観察したことを文章で表そうとしている。　　（主体的に学習に取り組む態度）

3　単元の言語活動
　本単元では，「B書くこと」の指導事項ア・ウを重点的に指導するため，身の回りで見付けた植物の様子について書いて友達と伝え会う活動を設定した。

4　単元展開（全7時）
[第1次（1時間）]
・教師が校庭で見付けた植物のおもしろさについて話を聞いたり，教科書の例文や教師の例文を読んだりして，単元の課題をつかむ。

[第2次（5時間）]
・校庭の植物から書くことを見付け，「はっけんメモ」を書く。
・クラスで見付けた「実を付けた枝」の様子について，教師のリードに沿っ

て文章を書いて読み合う。(本時)
・「はっけんメモ」の中から書きたいことを選んだり，再度，校庭の植物から書くことを見付けたりする。
・自分が伝えたい植物について文章を書く。

[第3次（1時間）]
・書いたものを友達と読み合い，感想を交流して単元を振り返る。

例文

　とちの木のおちば

　十一月六日，こうないどうろで，とちの木のおちばをよく見ました。
　一まいのはっぱは，わたしの手のひらよりも大きくて，なんまいかつながっているものもありました。いろは，おもてはこいちゃいろで，うらはすこしすいちゃいろです。あつめてふくろへ入れると，カサカサと音がしました。
　わたしは，みんなでたくさんあつめて，やきいもをしたいなとおもいました。

（吹き出し左）事柄は，大きさ，形，色，音，触感，などから収集する。（指導事項Bア）

（吹き出し中）構成は「①いつ，どこで，何を見付けたか②様子③思ったこと」と指定し，①②③の内容のまとまりで書く。（指導事項Bウ）

（吹き出し右）「～は，どうする。どんなだ。」「～を，どうする。」「～へ，どうする。」の使い方を理解する。（指導事項知・技(1)ウ，Bウ語と語の続き方）「においをかぐと～だ。」「さわると～だ。」（指導事項ウ語と語の続き方）

5　本単元指導のポイント

❶自分が見付けた植物の様子について書く前に，クラス全体で見付けた植物の様子について，教師のリードに沿って書き，交流する活動を行う。共通の題材を扱うことで，書き方を具体的に理解することができたり，友達の優れた表現を自分の表現に取り入れたりすることができる。　　【Case16】

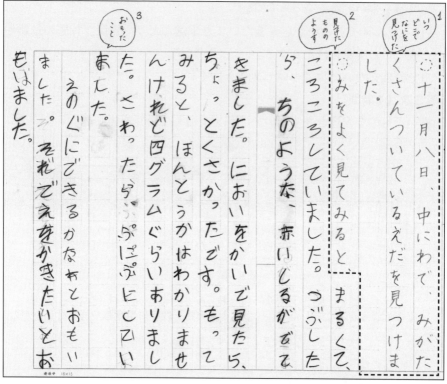

このリードに沿って全員が同じ題材で書く↑

❷校庭で植物を観察する時間を，単元の後半でも設ける。必要に応じて再取材することで，様子を伝えるために必要な事柄を的確に選ぶことができるようにする。　　　　　　　　　　　　　　　　　　　【Case20】

❸書いたもののよさを交流する際には，どの表現がなぜよいのかを伝え合うよう促し，必要に応じて教師が表現の工夫について言葉を補って伝えたり価値付けたりする。　　　　　　　　　　　　　　　　　【Case15】

6　本時の指導（第3時）

［題目］　なかにわの　木のみのようすを　かこう

［目標］　中庭の木の実の様子について，語と語の続き方や内容のまとまりに気を付けて書くことができる。　　　　　　　　　　（書くことウ）

第❷章　子どもが必ず熱中する！領域別・授業づくりアイデア20

[展開]

学習活動及び子どもの様相	支援及び指導上の留意点
❶本時の課題を確認する。 　なかにわの　木のみのようすを　かこう	○前時にクラスで見付けたナンテンの実について書くことを確認する。
❷ナンテンの実の様子をリード文に続けて書く。 ・みの大きさは，小ゆびのはんぶんぐらいでした。 ・さわってみたら，ぶよぶよしていて，つぶれました。 ・よく見ると，みのまん中にお花のようなもようがありました。	○リードの文と構成が書き込まれたワークシートを用意することで，内容のまとまりを意識して書けるようにする。 　　　　　　　　　　　　ポイント❶ ○書き始める前に，ナンテンの実を観察して気付いたことを発表し合い，書く材料を共有できるようにする。 ○実物を教室に用意し，再取材しながら書けるようにする。
❸書いた文章を読み合う。 ・「ちのような赤いしるが出てきました。」というところがいいね。なぜなら，「ちのような」という言葉を入れると，様子がよくつたわるから。 ・「さわったら，ぷにぷにしていました。」がいいね。なぜなら，「ぷにぷに」という言葉がおもしろいし，さわった感じがよく分かるから。	○書いた文章を読み合い，よいところやまねしたいところを伝え合う。その際，「なぜよいのか」についても伝え合うよう促すことで，互いの表現を今後の活動に生かすことができるようにする。 　　　　　　　　　　　　ポイント❸ ○様子を表す語（オノマトペ，比喩など）と他の語の続き方を適切に書いている子の文を意図的に取り上げ，価値付けすることで，他の子の参考となるようにする。

■2年：お礼の手紙

書くことの授業アイデア
7 「ありがとう」をつたえよう

1 単元のねらい
　お世話になった人にお礼の気持ちを伝えるために，語と語や文と文の続き方に注意しながら，内容のまとまりが分かるように書いたり，書いたものを読み返して正しい表記に気付いたりすることができる。

2 単元の評価規準
○長音，拗音，促音，撥音などの表記，助詞の「は」「へ」「を」の使い方や句読点の打ち方を理解して，書いている。　　　　　　　　（知・技(1)ウ）
○丁寧な言葉と普通の言葉との違いに気付き，敬体でお礼の手紙を書いている。　　　　　　　　　　　　　　　　　　　　　　　　（知・技(1)キ）
○お礼の気持ちを伝えるために，語と語や文と文の続き方に注意しながら，内容のまとまりが分かるように書いている。

（思・判・表：書くことウ）
○お礼の気持ちを伝えるために，書いたものを読み返し，間違いを正している。　　　　　　　　　　　　　　　　　　　（思・判・表：書くことエ）
○お礼の気持ちを手紙で伝えることに関心をもち，適切な言葉遣いで書こうとしている。　　　　　　　　　　　　（主体的に学習に取り組む態度）

3 単元の言語活動
　本単元では，「B書くこと」の指導事項ウ・エを重点的に指導するため，お世話になった人に手紙を書く活動を設定した。特に指導事項エの「推敲」について，感謝の手紙という言語活動は，読み返して，間違いや不適切な表現を正す必然性を生む。本単元は，生活科「町たんけん」の学習と関連付けて行い，見学に協力してくださった町の方や引率してくださったボランティアの方にお礼の気持ちを伝える。「町たんけん」を題材にすることで，書くための情報をクラスで共有しながら学習を進めることができる。

4 単元展開（全4時）

[第1次（1時間）]
・生活科の「町たんけん」を振り返り，お世話になった方々を想起し，感謝の気持ちを手紙で伝えるという単元の課題をつかむ。

[第2次（2時間）]
・例文を見て，手紙にはどんな内容を書いたらよいかを話し合う。(本時)
・お礼の手紙を書く。

[第3次（1時間）]
・書いた手紙を読み返し，語と語や文と文の続き方，表記に誤りがないかを確かめ，清書する。

5 本単元指導のポイント

❶手紙にはどんな内容を書いたらよいかを話し合う際には，空欄のある例文を提示し，書く内容を検討させる。　　　　　　　　　　　　【Case10】

　下の例の①（相手の名前）②（自分の名前）は手紙の形式に関する学習であり，③（見学させていただいたときの感想，お礼の具体など）④（これからの自分，これからの相手に関すること）は，指導事項ウの「内容のまとまりが分かるように」ということに関する学習である。

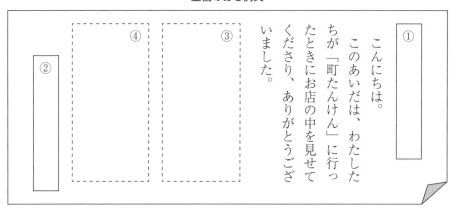

空欄のある例文

❷❶の③について，何を書けばよいか考えつかない子どももいるであろう。

そこで、同じ場所を「たんけん」した友達同士で、そのときの出来事を話し合う機会を設け、お世話になった方とどのような関わりをしたのか、お世話になった方がどのような言葉をかけてくれたのかなどについて具体的に想起できるようにする。　　　　　　　　　　　　　　　　【Case14】

❸推敲する際には、声に出して読むことを促し、語と語や文と文の続き方が適切であるかを判断することができるようにする。また、子どもたちの実態から、陥りがちな過ちを教師が提示し、それを基に自分の表現を判断できるようにする。　　　　　　　　　　　　　　　　　　　　　　　【Case17】

> 語と語の続き方における過ちの例
> ・この間は〜ありがとうございます。→ました。（時制）
> ・○○さんに、説明してくれました。→もらいました。（使役）
> ・先生が「いいね。」と先生が言いました。→と言いました。（重複）

❹友達と読み合って推敲する際には、間違いだけを指摘するのではなく、指摘する理由も伝えるようにする。また、間違いや改善点だけでなく、その文章のよさも伝え合えるよう支援する。　　　　　　　　　　　【Case15】

❺言葉は、スキルを取り出して反復練習をすることだけで覚えるものではなく、書いたり話したりして使いながら身に付けていくものである。知識・技能の指導事項(1)ウ（表記）・キ（敬体の言葉遣い）に関して、これまでに学んだことがこの学習で生かされるように意図しながら指導する。

【Case9】

6　本時の指導（第2時）

[題目]　手紙に書くないようを考えよう

[目標]　「町たんけん」のお礼の手紙には、お礼の言葉、感想、今後の思いなどについて内容のまとまりが分かるように書くとよいことに気付き、自分の手紙に書く内容をメモしている。　　　　（書くことウ）

[展開]

学習活動及び子どもの様相	支援及び指導上の留意点
❶本時の課題を確認する。 　手紙に書くないようを考えよう ❷例文の③④に書く内容について話し合う。 　・③には，お店の中を見せてもらった感想を書けばいいと思う。 　→見せてもらって特におどろいたことを書くと，お店の人は，「見学させてあげてよかった」と思うかもしれないね。 　・④には，「お体を大切に」ということを書くといいと思うよ。前におばあちゃんに手紙を送ったとき，最後にそう書いたから。 　・「今度，お店に買いに行きます。」というのもいいと思うよ。お店の人に喜んでもらえるから。 ❸話し合ったことを基に，自分の手紙に書きたいことをノートにメモする。 　・コンビニの人が，お店の裏側を見せてくれてびっくりしたよ。そのことを書こうかな。	○空欄のある例文を提示し，課題をつかむことができるようにする。 ○例文の①②には相手（受取人）と自分（差出人）の名前を書くことを確認し，手紙の形式を理解できるようにする。 ○教科書の例文や，これまで書いたり読んだりした手紙を想起させ，③④にはどのようなことを書いたらよいか考えることができるようにする。 　　　　　　　　　　　　ポイント❶ ○子どもの発言や，教師の助言から，相手が読んでうれしい気持ちになる内容を書くとよいことに気付くことができるようにする。 ○書くことが思いつかない子どもには，同じ場所を「たんけん」した友達に相談するよう促し，手紙の相手にお世話になった経験を想起できるようにする。 　　　　　　　　　　　　ポイント❷

■3年：物語の創作

書くことの授業アイデア
8　人物を考えて物語を作ろう

1　単元のねらい
　物語で伝えたいことを明確にし，登場人物の様子を工夫して書いたり，物語を読み合って感想を伝え合い，よいところを見付けたりすることができる。

2　単元の評価規準
○様子や行動，気持ちや性格を表す語句の量を増し，物語文の中で使っている。　　　　　　　　　　　　　　　　　　　　　　　　　（知・技(1)オ）
○物語で伝えたい出来事を明確にし，登場人物の性格や気持ち，行動と関連させ，工夫して物語を書いている。　　　　　（思・判・表：書くことウ）
○物語を読み合って感想を伝え合い，自分の文章のよいところを見付けている。　　　　　　　　　　　　　　　　　　　（思・判・表：書くことオ）
○絵を見て物語を想像することに関心をもち，登場人物の様子を楽しく想像し，進んで物語を書こうとしている。　　（主体的に学習に取り組む態度）

3　単元の言語活動
　本単元では，「B書くこと」の指導事項ウ・オを重点的に指導するため，4枚の絵から人物の様子や出来事を想像して物語を書く活動を設定した。
　子どもは物語をつくることが好きである。書くことに苦手意識をもった子も，段階的な支援を講じることにより，満足感をもって物語を書き上げることができるであろう。そして書き上げた物語を友達と読み合い，「～という書き方が上手だね。」「～のところがおもしろかったよ。」「～するなんて，よく思いついたね。」など，表現のよさと内容のおもしろさの両面から感想を述べ合うことで，指導事項オ「自分の文章のよいところを見付けること。」を達成できると考える。
　また，指導事項ウに関しては，以下の通り捉える。

> 指導事項ウ　自分の考えとそれを支える理由や事例との関係を明確にして，書き表し方を工夫すること。
> ・自分の考え…どんな出来事が起こる物語にしたいか。
> ・理由や事例…どんな人物が出てきて，どんな行動をしたり，どんな思いをもったりするか。
> ・書き表し方を工夫…登場人物の性格や気持ち，行動の書き表し方を工夫

4　単元展開（全10時）

[第1次（1時間）]
・教科書の絵の中の登場人物だけを提示し，どんな人物か想像させ，登場人物の性格を表す語句を集める。
※単元を通して，自分が読んだことのある物語から，人物の行動や気持ちを表す語句を集め，活用する。
・教科書の4枚の絵を見て，3の場面で起きた出来事を想像する。

[第2次（7時間）]
・教科書の4枚の各場面で起きた出来事を想像し，「出来事メモ」に記入する。
・絵の中の人物について想像し「人物メモ」に記入する。（本時）
・出来事と人物の書き方について話し合う。
・「出来事メモ」と「人物メモ」を基に物語を書く。

[第3次（2時間）]
・物語を読み合い，感想を交流する。
・自分の文章のよさに気付き，単元を振り返る。

5　本単元指導のポイント

❶単元の導入で，人物について想像し，性格を表す語句を集める。また，自分が日頃読んでいる物語から，人物の様子を表す言葉を見付け，集めさせ

ておき，クラスで共有したり，必要に応じて自分の物語で使ったりするよう促す。　　　　　　　　　　　　　　　　　　　　　　【Case16, 17】

> **人物の性格を表す語句の例**
> 　のんびりや，臆病，優しい，明るい，素直，世話好き，粘り強い
> 　せっかち，勇敢，いたずら好き，わがまま，活発，負けず嫌い　等
> **人物の様子を表す語句の例**
> 　あわてて，ほっとして，じっとして，はしゃいで，そうっと
> 　〜のように（比喩），どんどん（オノマトペ）　等

❷第３時では，絵を見て想像した人物の性格を表すには，どのような表現をしたらよいかについて話し合う。その際，「人物の性格によりどのように書き分けるか。」と具体的に発問することで，性格に合った表現の仕方を考えることができるようにする。　　　　　　　　　　　　　【Case 7, 16】

❸友達との読み合いは，物語が完成した単元の最後に行うだけでなく，物語を書いている途中でも設定し，互いの表現のよさを取り入れることができるようにする。また，単元のねらいに即して教師が価値付けしたい表現を，子どもの物語から取り上げて紹介する。その際，その表現のどこがなぜよいのかを話し合う機会を設け，よりよい表現の仕方について考えることができるようにする。　　　　　　　　　　　　　　　　　　【Case 9, 15】

❹単元の最後に完成した物語を読み合う際には，「出来事メモ」や「人物メモ」など，学習過程についても共有することで，書き手が伝えたいことが明確に表現されているところを見付けることができるようにする。
　　　　　　　　　　　　　　　　　　　　　　　　　　　　【Case22】

6　本時の指導（第３時）

［題目］　人物の様子をそうぞうして書こう
［目標］　物語に登場する人物の性格を想像し，その人物に合った行動や気持ちの表現の仕方を考えて書くことができる。　　　　　（書くことウ）

[展開]

学習活動及び子どもの様相	支援及び指導上の留意点
❶本時の課題を確認する。 　人物の様子をそうぞうして書こう ❷絵を見て想像したことを,「人物メモ」に書き, 交流する。 　・名前は, たぬきち。 　　性格は, のんびりやさんで思いやりがある。 　・名前は, こんきち。 　　性格は, 気が強い。少しいばりんぼ。たぬきちとは友達どうし。 ❸人物に合う表現の仕方を考えて書く。 　(そりに乗ることを誘う言動) 　・こんきちは,「おれのお父さんがこのそりを作ってくれたんだぜ。お前も乗せてやるよ。」と言いました。 　・つねたは,「ぼくのおとうさんがこのそりを作ってくれたんだ。よかったら, 一緒に乗らない？」と言いました。	○単元の導入で話し合った性格や性格を表す語句を基に, 自分の物語に登場する人物について考えることを促し, 意欲を高める。 ○本単元の物語を書くのに必要な,「名前」「性格」「2人の関係」については必ず書くよう促し, その他の「年齢」「家族」などについても書き足してよいことを助言する。 ○グループの友達と交流する時間を設け, 考えを広げることができるようにする。 ○「～という言動を～という性格の人物だったらどう表現するか。」を具体的に問うことで, 同じ行動でも性格によって書き方が異なることに気付くことができるようにする。 　　　　　　　　　　　　　ポイント❷ ○それぞれが考えた性格をふまえた表現を読み比べることで, 人物に合った表現の仕方を理解できるようにする。

■5年：意見文

書くことの授業アイデア
9　資料を生かして考えたことを書こう

1　単元のねらい
　自分が伝えたいことを明確にもち，構成や資料の活用方法を工夫して，意見文を書くことができる。

2　単元の評価規準
○思考に関わる語句の量を増し，意見文の中で使っている。　（知・技(1)オ）
○原因と結果など情報と情報の関係について理解している。　（知・技(2)ア）
○自分の考えを伝えるために，文章全体の構成や展開を考えて書いている。
　　　　　　　　　　　　　　　　　　　　　　　　　（思・判・表：書くことイ）
○自分の考えを伝えるために，引用したり，図表やグラフなどを用いたりして，書き表し方を工夫している。　　　　　（思・判・表：書くことエ）
○自分の考えについて，資料を生かして伝えることに関心をもち，構成や図表などの活用方法を進んで考えようとしている。
　　　　　　　　　　　　　　　　　　　　　　　　　（主体的に学習に取り組む態度）

3　単元の言語活動
　この単元では，図表やグラフなどの資料から分かったことを根拠に，自分の考えを書く活動を設定した。東京書籍『新しい国語五』の「資料を生かして考えたことを書こう」の文章をモデルとして，自分が問題意識をもっている題材について意見文を書く活動である。題材や資料は，学校で購読している「朝日小学生新聞」から主に収集することとした。新聞を読んで興味や問題意識をもった題材について，自分の考えをまとめ，新聞に掲載されている写真や記事の内容を根拠に意見文を書く活動は，「B書くこと」の指導事項イ・エの力を付けるために適している。
　また，知識及び技能の指導事項(1)オ・(2)アとも関連が深く，意見文を書く言語活動を通して，これらの知識及び技能を身に付けることができる。

小学生新聞の記事を題材とした例文の一部

きゅうすでいれたお茶を飲もう

みなさんは、日ごろ緑茶を飲んでいますか。わたしは、ペットボトルの緑茶はよく飲んでいますが、きゅうすでいれたお茶を飲むことはあまりありません。

まず、資料(1)を見てください。これは、静岡県で茶園を営む○○さんが、茶葉の育ちを見ている写真です。○○さんは、「急須でお茶をいれると、茶葉の味や香りをたっぷり引き出せます。だから一番おいしくお茶を飲めるのです。」と言っているそうです。

| 写真 |

次に、資料(2)を見てください。この資料は、きゅうすでいれたお茶とペットボトルのお茶の栄養成分を表したものです。この資料によると、きゅうすでいれたお茶の栄養成分は、ペットボトルのお茶に比べて……（略）

| グラフ |

このように、きゅうすでいれたお茶にはよいところがたくさんあります。みなさんもたまには、きゅうすでお茶をいれて飲んでみてはいかがでしょうか。

4 単元展開（全9時）

[第1次（1時間）]

・小学生新聞を読み，関心のある記事をストックする。（事前）
・意見文に書きたい題材を発表し合い，単元の見通しを立てる。

[第2次（7時間）]

・教科書の意見文に使われた資料を基に，資料を読み取る際に留意することを話し合う。（社会科の既習を生かす。）
・教科書の意見文「海岸の環境を守ろう」について，資料から分かる情報を文中に書き入れる。
・教科書の意見文の構成を捉えたり，資料を生かすために使われている語句を見付けたりする。（本時）
・自分が選んだ題材の構成を考え，メモする。
・自分が選んだ題材について，意見文を書く。

[第3次（1時間）]

・書いた意見文を読み合い，感想を交流したり，単元を振り返ったりする。

5 本単元指導のポイント

❶「意見文で友達に伝えたい考えは何か」と突然問われても、ほとんどの子どもは戸惑ってしまう。そこで、単元に入る前から、小学生新聞を読む機会を設け、関心をもったことや問題意識をもったことについて、メモしておくよう促す。【Case16】

❷教科書の意見文を分析し、構成や使われている語句を明確にしておくことで、自分の意見文に生かすことができるようにする。【Case17】

資料を生かして考えを効果的に伝えるための語句の例
（知・技の指導事項(1)オ「思考に関わる語句」）
・順序を表す語句　　　しかし　　次に　　さらに
・情報をまとめる語句　つまり　　要するに
・結論を述べる語句　　このように　以上のことから
・資料から分かることを述べる語句
　　この資料から分かるように　　この資料によると
　　この資料は〜を表しています

---

❸文章を書くことが苦手な子どもは、書き出しに詰まってしまうものである。自分の意見文を書く際には、書き出しの文について全体で話し合ったり、模範となる書き方をしている子どもの例を紹介したりして、それらを参考にして書くことができるようにする。【Case17】

❹仕上げた意見文は、読み合い、感想を付箋に書いて伝えるように促す。付箋には、以下のことを書くよう助言し、単元のねらいや子どもの課題解決に沿った振り返りができるようにする。【Case22】

・書き手の考えに賛同、納得できたか。（内容への感想）
・資料の生かし方はどうか。（表現への感想）

6 本時の指導（第4時）

[題目] 意見文を書くコツを見付けよう

[目標] 教科書の意見文を読み，考えを効果的に伝えるための構成や語句の使い方についてまとめることができる。　　　　　　　　（書くことイ）

[展開]

学習活動及び子どもの様相	支援及び指導上の留意点
❶本時の課題を確認する。 　意見文を書くコツを見付けよう ❷五つの段落の役割について話し合う。 ・5段落は「このように」とあるから結論だね。 ・2～4段落の本論に，資料が使われているね。 ❸表現の工夫について話し合う。 ・一文目に「～ありませんか。」と問いかけ，最後の文で「いきましょう。」とまとめている。これは，読み手の興味を高めている。 ・どの資料か分かるように「資料○を見てください。」と書いている。 ・資料から分かることは「この資料は～を表しています。」とはっきり表現している。 ・つなぎ言葉が分かりやすい。	○本時の学習が，自分の意見文を書く際に役立つことを告げ，意欲付けを図る。 ○これまでに学習した「序論・本論・結論」の構成になっていることに気付かせ，それぞれの段落はどれにあたるかを考えることができるようにする。 ○読み手に「なるほど」と思ってもらえる表現はどれか話し合わせることで，考えを効果的に伝えるための語句に気付くことができるようにする。 　　　　　　　　　　　　ポイント❷ ○自分が書こうとしている題材では，どのような語句の使い方ができるか問いかけることで，本時の学びを次時に生かすことができるようにする。

■6年：短歌の創作

書くことの授業アイデア
10　短歌を詠もう

1　単元のねらい

　感じたことや考えたことから題材を選び，伝えたい思いを明確にして言葉の選び方や比喩，反復，倒置などを工夫し，短歌をつくることができる。

2　単元の評価規準

○比喩や反復などの表現の工夫に気付いて使っている。　　　（知・技(1)ク）
○短歌を音読し，言葉の響きやリズムを味わっている。　　　（知・技(3)ア）
○短歌集をつくるために，日頃感じたことや考えたことから書くことを選び，集めた材料を分類して，伝えたいことを明確にしている。
　　　　　　　　　　　　　　　　　　　　　　（思・判・表：書くことア）
○伝えたい思いに合う言葉の選び方や比喩，反復，倒置などの表現の工夫に着目して推敲している。　　　　　　　　　　（思・判・表：書くことオ）
○心の動きを短歌で表現することに関心をもち，進んでつくったり興味をもって読み合ったりしようとしている。　　（主体的に学習に取り組む態度）

3　単元の言語活動

　本単元では，日常生活で感じたことを短歌で表現する言語活動を設定した。短歌は，たった31文字で思いを表現することが難しい反面，31文字だけの表現であるため，短時間で書くことができたり，手軽に書き直すことができたりする。その特徴から，「B書くこと」の指導事項ア「題材設定，情報収集，内容検討」及びオ「推敲」の力を付けるのに適している。

4　単元展開（全8時）

［第1次（2時間）］
・教師が提示した短歌の下の句を考えたり，短歌を試作したりして，本単元の見通しをもつ。

［第2次（5時間）］

・クラスの共通体験を題材として感じたことを短作文に書き，そこから言葉を選んだり表現を工夫したりして短歌をつくる。
・各自が見付けた題材を交流したり，見付けた題材で短作文を書いたりして，短歌をつくる。
・各自がつくった短歌を読み合い，助言し合い，推敲する。（本時）

[第3次（1時間）] ※清書は書写の時間に行う。
・つくった短歌を清書して歌集にまとめ，単元を振り返る。

5 本単元指導のポイント

❶小学生がつくった短歌を紹介したり，歌人俵万智氏の『短歌をよむ』（岩波書店）の中の言葉を紹介したりして，日常生活の中から「短歌のタネ」を探すよう促す。（次頁ワークシート）　　　　　　　　　【Case16】

❷クラスの共通体験の中で，嬉しかったり悔しかったりといった感情を友達と共有した出来事（本事例では体育の授業のバスケットボール）を題材として取り上げ，思いの表現の仕方を友達と相談しながら短歌をつくれるようにする。　　　　　　　　　　　　　　　　　　　　　　　　　【Case13】

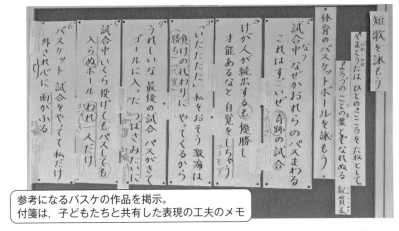

参考になるバスケの作品を掲示。
付箋は，子どもたちと共有した表現の工夫のメモ

❸前単元である，詩の学習で学んだ表現技法の掲示を活用し，短歌づくりにも生かすことができるようにする。　　　　　　　　　　　　　【Case17】

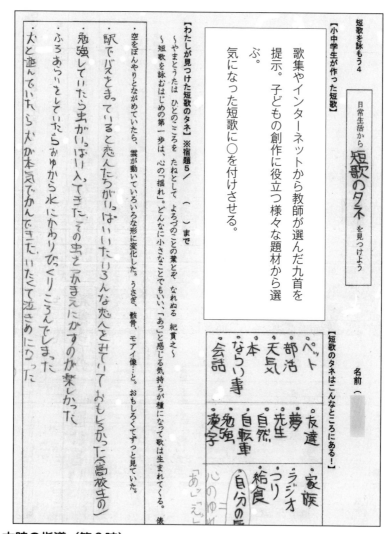

6　本時の指導（第6時）

[題目]　短歌を読み合い，よりよい表現にしよう

[目標]　題材について感じたことを書いた短作文を根拠に，言葉の選び方や表現の工夫に着目して友達と短歌を読み合い，推敲することができる。

（書くことオ）

［展開］

学習活動及び子どもの様相	支援及び指導上の留意点
❶自分がつくった短歌を読み返し，本時の課題をつかむ。 短歌を読み合い，よりよい表現にしよう ❷教師が例示した短歌の下の句について，全体で話し合う。 　昼休み　すぐにつかまる　鬼ごっこ 　A　子どもにはない　足の重りが 　B　追う子どもらの　笑顔まぶしく ・「重りがない」よりも「笑顔まぶしく」という明るい言葉を選んだ方が，ここで表したい作者の思いに合っている。 ❸各自がつくった短歌を読み合い，助言し合ったり，よりよい表現について書いたりする。 (1)グループの友達の短作文を読んで，下の句を考える。 　「ハードルを一つ二つと飛び越える」 ・風に背中を押されるように ・風と一緒にヒュルヒュルヒュルン (2)どの表現がよいか，助言し合う。 ・「ヒュルヒュルヒュルン」のオノマトペはリズムがあって，速く走っている気持ちよさが伝わる。 (3)自分がよいと思った表現についてワークシートに書く。 ・「風に背中を押されるように」がよい。比喩が，速く走れるようになった作者の思いに合っている。	○題材について感じたことを書いた短作文と，それを基につくった短歌を読み返し，言葉の選び方や表現の工夫の意図を想起させることで，本時のねらいをつかむことができるようにする。 ○教師が感じたことを題材にして書いた短作文と，それを基につくった短歌の下の句を複数例示し，思いを伝えるためにはどの言葉を選び，どんな工夫をすればよいかをクラス全体で話し合わせる。そのことにより，作者の思いを根拠に助言し合うやり方を共通理解できるようにする。 ○友達が書いた短作文を基に，それぞれが下の句をつくってから話し合うようにすることで，各自が作者の立場に立ち，作者の思いと言葉を関連させて助言し合えるようにする。 ○作者の思いや上の句が書かれたワークシートに自分がよいと思った下の句やその理由を書き込ませることで，作者の思いと言葉とを関連させてよりよい表現について考えることができるようにする。 ○なぜよいのかについて考えを伝えたり書いたりできない子どもには，選んだ表現のどの言葉がよいと思ったのか尋ねたり，工夫している表現を具体的に指摘したりして，よりよい表現について考えることができるようにする。

■2年:「ビーバーの大工事」(東書2下)

読むこと（説明文）の授業アイデア
11 いきもののひみつクイズをつくろう

1 単元のねらい
　自分が知りたい生き物の生態について書かれた本や図鑑を選び，事柄の順序を考えながら内容の大体を捉えたり，文章の中の重要な語や文を考えて選んだりしながら読むことができる。

2 単元の評価規準
○生き物の生態について調べるために，表紙や題名，目次，見出しなどから生き物に関する本や図鑑を選んで読んでいる。　　　　　　（知・技(3)エ）
○生き物の生態を調べてクイズをつくるために，事柄の順序を考えながら内容の大体を捉えたり，文章の中の重要な語や文を考えて選んだりしながら読んでいる。　　　　　　　　　　　　　　　　（思・判・表：読むことア・ウ）

3 単元の言語活動
　本単元では，「Ｃ読むこと」の指導事項ア・ウを指導するため，生き物について調べ，クイズをつくって友達と交流するという言語活動を設定した。子どもたちは，自分の知りたい情報を見付けるために，複数の本や図鑑の表紙や題名，目次，見出しに着目して摘読することで，指導事項ア「内容の大体を捉える」力を付けることができる。また，自分が「すごいな。」「友達にも教えたいな。」と思ったことについて書かれた部分からクイズの問題や答えをつくることで，指導事項ウ「文章の中の重要な語や文を考えて選び出す」力が付く。
　クイズは，短冊型カードに一文で問題文を書き，別のカードに50〜100字程度で答えと説明を書く形式にする。文章量を制限することで，「重要な語や文を考えて選び出す」必然性が生まれる。また，クイズをつくるたびにカードが増えていくことは，本や図鑑を複数読んで情報を集めようとする意欲を高める。

カードの例

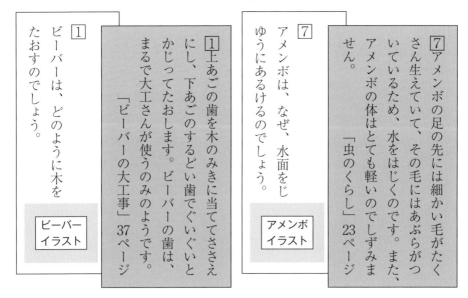

4 単元展開（全12時）

[第1次（2時間）]
・教師が教材文からつくったビーバーのクイズや，本や図鑑からつくった生き物に関するクイズについて考え，本単元の言語活動の見通しをもつ。
・生き物に関する本や図鑑を読み始める。

[第2次（8時間）]
・「ビーバーの大工事」を読み，興味をもったことを交流する。
・生き物の本や図鑑を複数読み，興味をもったところに付箋を貼る。
・「ビーバーの大工事」の興味をもったところについて，クイズの問題と答えの文をつくる。（本時：1時間／全2時間）
・「ビーバーの大工事」で学習した方法で，生き物の本や図鑑から，クイズの問題と答えの文をつくる。

[第3次（2時間）]
・クイズを出し合い，答えを本や図鑑からさがす。

5 本単元指導のポイント

❶ 指導事項ウ「文章の中の重要な語や文を考えて選び出すこと。」にある「重要な語や文」とは，決まった正解があるわけではない。個々の興味や関心によって，重要な語や文は違ってくる。自分が興味をもった内容について，クイズに必要な語や文ということである。一人一人の「なるほど。」「友達にも教えたいな。」という思いが，読むことへの原動力となるようにする。 【Case18】

❷ 教材文「ビーバーの大工事」でクイズをつくる際には，まず，特定の段落から問題文や答えの文をつくる活動を全体で行う。その際，クイズで伝えたい生き物の生態のすごさは，答えの文に表れることに気付かせ，その答えの文を導くために，「どのように」「どのような」「なぜ」といった語を使ってクイズをつくるやり方を身に付けることができるようにする。その際，答えとなる語や文にサイドラインを引かせるとよい。

自分で選んだ本や図鑑についてクイズの文をつくる際にも，必要に応じてコピーをとり，サイドラインを引かせるなどして，重要な語や文が視覚化できるようにする。 【Case16】

❸ 自分の興味がある生き物について調べたり，クイズをつくったりする際には図書室で活動し，本の表紙や題名などから対象図書を選ぶことができるようにする。 【Case18】

❹ 答えのカードには，調べた本や図鑑の書名（出典）を明記するようにし，情報の取り扱い方の態度を育てるとともに，解答する子どもも，その本を手に取って読む機会が得られるようにする。 【Case5】

6 本時の指導（第4時）

[題目] ビーバークイズのもんだい文をつくろう

[目標] 「ビーバーの大工事」を読んで興味をもったところから，重要な語や文を考えて選び，クイズの問題文をつくることができる。

（読むことウ）

[展開]

学習活動及び子どもの様相	支援及び指導上の留意点
❶本時の課題を確認する。 　ビーバークイズのもんだい文をつくろう	○自分が興味をもったところからつくったクイズの問題文と答えの文を完成させることを告げ，意欲を高める。
❷ビーバーの泳ぎ方について，問題文をつくる。 ・ビーバーが泳ぐときに使うのは，前足でしょうか，後ろ足でしょうか。 ・ビーバーは，どのように泳ぐのでしょうか。 ・ビーバーはなぜ，上手に泳ぐことができるのでしょうか。	○同じ文章から教師がつくった三つの問題文を提示し，比べる機会を設けることで，二択の問題文ではなく，「どのように」「どのような」「なぜ」を問う文を考えることができるようにする。 　　　　　　　　　　　　ポイント❷
❸自分が関心をもったことについて問題文と答えの文をつくる。 (1)個人で問題文と答えの文をつくる。 (2)つくった文を友達と読み合い，よりよい文になるよう話し合う。	○答えの文も考えさせることで，答えの文に，自分の関心がある具体が表れることに気付くことができるようにする。 ○対象となる段落について，答えにしたい部分にサイドラインを引くよう促し，それを問う文を考えることができるようにする。 ○同じ内容を選んだ友達同士で，つくった問題文を交流させ，よりよい文を考えられるようにする。 　　　　　　　　　　　　ポイント❸
❹本時の振り返りをする。 ・「どのように」を使っていい問題文をつくることができた。	○次時は答えの文のつくり方を考えることを確認し，意欲を高める。

■3年:「もうどう犬の訓練」(東書3下)

読むこと(説明文)の授業アイデア
12 はたらくすごい犬コンテストをしよう

1 単元のねらい
　自分が選んだ犬のすごいところを伝えるために，複数の図書資料を読み，中心となる語を見付けてカードにまとめることができる。

2 単元の評価規準
○働く犬のすごいところを見付けるために複数の図書資料を読み，読書が必要な情報を得るのに役立つことに気付いている。　　　　　(知・技(3)オ)
○自分が選んだ犬のすごいところを伝えるために，理由や事例を探しながら読んだり，中心となる語を見付けて要約し，カードにまとめたりしている。
　　　　　　　　　　　　　　　　　　　　(思・判・表：読むことア・ウ)

3 単元の言語活動
　本単元では，「C読むこと」の指導事項ア・ウを指導するため，働く犬についての本や文章を読み，自分が選んだ犬のすごいところを要約してカードにまとめ，コンテストで伝え合うという言語活動を設定した。

4 単元展開(全13時)
[第1次(2時間)]
・教科書教材文及び働く犬に関する図鑑を読み始める。(事前)
・どんな働く犬がいるのかを調べ，それぞれの働く犬の定義をカードにまとめてプレコンテストをする。
・働く犬のすごいところを調べてカードにまとめ，コンテストをするという本単元の課題を設定し，学習の見通しを立てる。自分が伝えたい犬を決める。

[第2次(9時間)]
・教科書教材文を読み盲導犬のすごいところを見付けて話し合い，いくつかにまとめる。

・図鑑を読み、自分が選んだ犬のすごいところを見付けてグループで話し合い、いくつかにまとめる。
・教科書教材文及び図鑑を読み、盲導犬や自分が選んだ犬のすごいところについて、カードに「見出し」と「理由や事例」をまとめる。(本時)
・お試しコンテストを行い、自分が選んだ犬のカードを修正したり加筆したりする。

[第3次（2時間）]
・カードで選んだ犬のすごいところを伝え合い、コンテストを行う。

すごい犬コンテストを行うための対決カードの例

指示なしではたらく ちょうどう犬

なぜなら、
ちょうどう犬ユーザーは耳が不自由だから、自分で考えて仕事をしなければならないから。

いろいろな音を知らせる ちょうどう犬

たとえば、
げんかんのチャイムの音、
やかんのなる音、
赤ちゃんのなく声など、
家の中のいろいろな音を知らせる。

すごいところを「〜な○○犬」という形で「見出し」にする。その犬について書かれた文章の中から、すごいところを選んで端的な言葉で表す要約の力が必要。

見出しの下には、その理由や事例をまとめる。
「なぜなら」→理由「たとえば」→事例のリードを与える。
見出しの説明を文章から要約して書いていれば「なぜなら」「たとえば」がなくても可。
見出しに掲げたすごいところの説明を、文章から抜き出して要約する力が必要。

一つのすごいところにつきカード1枚にまとめる。

5　本単元指導のポイント

❶第1次で教師が選んだ犬についてのカードをモデルとして提示するとともに，随時掲示しておいたり，印刷して各自のノートに貼らせたりすることで，単元の言語活動をイメージしたり真似たりできるようにする。また，カードのモデルは望ましいものとそうでないものを用意し，比べられるようにすることで，ねらい達成のための言語活動が具体的に理解できるようにする。　　　　　　　　　　　　　　　　　　　　　　　【Case16】

❷カードをつくる段階では，「盲導犬のカードをつくる」→「選んだ犬のカードをつくる」→「盲導犬のカードをよりよくする」→「選んだ犬のカードをよりよくする」→「おためしコンテストをする」→「選んだ犬のカードをよりよくする」といったように繰り返し考えることができるようにする。
　　　　　　　　　　　　　　　　　　　　　　　　　　　　　　【Case20】

❸カードは何枚でも書き足し，書き換えが可能なものにするとともに，1回のコンテストで使うカードは2枚と限定する。それにより，思考の個人差（熟考してまとめるタイプ，即決して書くタイプ）や能力差（何枚もカードをつくれる，一枚をまとめるだけでも困難である）に対応しつつ，コンテストでは同じ活動が保障できるようにする。　　　　　　　【Case19】

❹働く犬の図鑑は3種類のシリーズ本を用意し，その中から，情報量の多い7種をコンテストの対象とする。（聴導犬，介助犬，訪問活動犬，警察犬，災害救助犬，そり犬，牧羊犬）　　　　　　　　　　　　　　　【Case18】

　働く犬の図鑑　『しらべよう！はたらく犬たち』（日本盲導犬協会）／『社会でかつやくするイヌたち』（こどもくらぶ）／『はたらく犬』（日本補助犬協会）

6　本時の指導（第8時）

[題目]　すごいところが　よくつたわる　カードをつくろう

[目標]　盲導犬や自分が選んだ犬のすごいところを伝えるために，中心となる語を見付けて見出しを考えたり，見出しに合う理由や事例をまとめたりすることができる。　　　　　　　　　　　　（読むことウ）

[展開]

学習活動及び子どもの様相	支援及び指導上の留意点
❶盲導犬や自分が選んだ犬のすごいところについて前時までに書いたことを読み合い，本時の活動を確認する。 　すごいところが　よくつたわる　カードをつくろう ❷盲導犬が人を安全に導くことについて，理由や事例をまとめる。 　見出しA　どんな場所でも 　　　　　　安全に導く盲導犬 　見出しB　自分で考えて 　　　　　　安全に導く盲導犬 ・Aには，段差や電柱などの場所の例を入れた方がいいね。 ・Bは自分で考えていることが分かるように，危険な命令には従わないことを入れるといいね。 ❸自分が選んだ犬のすごいところについて，見出しを考え直したり，理由や事例をまとめたりする。 ・「家の中で鳴る音を知らせる」よりも「たくさん知らせる」という見出しにして，その例を書こう。そうすれば，聴導犬のすごさがもっと伝わるよ。 　見出し 　　家の中の音をたくさん知らせる聴導犬 　理由や事例 　　例えば，玄関のチャイム，ファックス，携帯メール，赤ちゃんの泣き声など，いろいろな音を知らせる。	○働く犬のすごいところをカードにまとめてコンテストをするという単元を設定することで，自分が選んだ犬についてより効果的に伝えたいという思いが，単元のねらい達成につながるようにする。 ○人を安全に導くことについて，すごいところの捉えが異なる見出しA，Bを提示し，それらを比べて話し合わせることで，伝えたい内容によって，カードの「理由や事例」で取り上げる要点が異なることに気付くことができるようにする。 ○同じ犬を選び，コンテストで同じチームとなる友達と一緒に考える場を設けることで，すごいところをより伝えたいという目的意識をもって相談し合えるようにする。 ○図鑑を読んでまとめることが困難な子どもには，理由や事例が書かれている箇所を指摘したり，書かれている内容について補足説明したりすることで，カードをまとめることができるようにする。

■4年:「「ゆめのロボット」を作る」(東書4下)

読むこと(説明文)の授業アイデア
13 わたしの「ゆめのロボット」を考えよう

1 単元のねらい
　筆者の考えとそれを支える理由や事例との関係などについて,叙述を基に捉え,筆者の主張に沿った「ゆめのロボット」を考えることができる。

2 単元の評価規準
○「ゆめのロボット」についての筆者の考えとそれを支える理由と事例の関係を理解している。　　　　　　　　　　　　　　　(知・技(2)ア)
○筆者の「ゆめのロボット」への理想をつかむために,筆者の考えとそれを支える理由や事例との関係などについて,叙述を基に捉えたり,中心となる語や文を見付けたりして読んでいる。
　　　　　　　　　　　　　　　　　　　(思・判・表:読むことア・ウ)
○筆者の主張に沿って自分が考えた「ゆめのロボット」についてまとめている。　　　　　　　　　　　　　　　　(思・判・表:読むことオ)
○筆者の「ゆめのロボット」への思いに興味をもって教材文を読んだり,教材文から捉えたことを基に,自分の「ゆめのロボット」を考えたりしようとしている。　　　　　　　　　　　　　　(主体的に学習に取り組む態度)

3 単元の言語活動
　本単元では,上記の指導事項を指導するため,筆者の主張に沿った「ゆめのロボット」を考えるという言語活動を設定した。これは,筆者の理想とする「ゆめのロボット」への考えを的確につかみ,それがどのようなロボットで実現されているかを読むとともに,自分でも筆者の主張に沿った「ゆめのロボット」を考案し,友達と交流するものである。筆者の主張や事実を読んだ上で,筆者の主張に沿った事実を自分でつくり出すことは,「考えとそれを支える理由や事例との関係」や「中心となる語や文」を的確に捉える必然性を生み,本単元のねらい達成につながるものである。

教師がモデルとして作ったロボットアイデアシート

皆川なな子 が考える ゆめのロボット 1 号

もぐもぐ ごっ君

My ROBOT IDEA SEET

◆こんな働きをします！

ものをかんで 飲みこむことを 手助けする

◆こんな人のこんなお役に立ちます！
- 病気のため ものを飲みこむのがむずかしい人
- 歯が弱くなって かたいものがかめないお年より
　→ かんで 飲みこむ 動作を補助（ほじょ）

◆こんなところがスゴいんです！

- 上下の歯とのどに とりつけるだけの かんたん装着（そうちゃく）
- 磁気の力で かんだり 飲みこんだり する動きをサポート！
- 重さは わずか160g！
- 耳にかけるだけで 安心の安定感
- かたいおせんべいも ばりばり食べられます♡

教材文を読み深めながら，筆者の主張に沿ったロボットのアイデアを考える。
- ●筆者の主張…人と一緒になって働く機械
  ・身に着けて直接的に人間の動きを助ける。
  ・自分の体を自分で動かしたいという気持ちにこたえる。
  ・気持ちや心の面でも人を助ける。

4　単元展開（全9時）

[第1次（1時間）]

・教材文を読み，「ゆめのロボット」のアイデアを考えるという単元の見通しをもつ。

[第2次（7時間）]

・教材文を読みながら，筆者の主張に沿った「ゆめのロボット」のアイデアを考え，伝え合う。（本時：第4時／全7時間）

[第3次（1時間）]

・単元の学習を振り返り，筆者に手紙を書く。

5　本単元指導のポイント

❶筆者の主張する「ゆめのロボット」について具体的に考えることができるように，自分の「ゆめのロボット」を考える過程で繰り返し教材文に戻って徐々に読みを深めるように単元を展開する。　　　　　　　　【Case16】

❷教材文を基に教師と確認しながら「マッスルスーツ」「アクティブ歩行器」のアイデアシートを書かせたり，教師が作成した「もぐもぐごっ君」のアイデアシートを見るよう促したりし，それらをモデルとして自分の考えが表出できるようにする。　　　　　　　　　　　　　　　　　　　　【Case17】

❸アイデアシートは簡易で自由度の高い形式にし，ねらいとの関連が薄い，ロボットの仕組みや詳細な機能は記入しなくてもよいこととする。そうすることで，イラストを入れて考えを補ったり，書き直しをしたり，枚数を増やしたりできるようにする。　　　　　　　　　　　　　　　【Case20】

6　本時の指導（第5時）

[題目]　筆者のゆめに近付くロボットに改良しよう

[目標]　自分の「ゆめのロボット」のアイデアを筆者の主張により近付けるために，筆者の考えや事例と，友達のアイデアシートに書かれた事例とを関連付けて読んだり，自分のアイデアを筆者の考えと関連付けてまとめたりすることができる。　　　　　　　　　　　　（読むことオ）

[展開]

学習活動及び子どもの様相	支援及び指導上の留意点
❶アイデアシートを読み返し，本時のねらいを確認する。 　筆者のゆめに近付くロボットに改良しよう ❷友達のアイデアを基に話し合う。 (1)AさんとBさんのアイデアシートを読み，優れている点と改良が可能な点をメモする。 (2)教材文を根拠に話し合う。 ・腕に着けて使うので，筆者の「身に着けて使う」という考えに合っている。 ・でも，腰にコードを巻くので「安全」という考えには合っていない。そこを改良できるかも。 ❸話し合ったことを基に，自分のアイデアを見直す。 ・「人と一緒に働く」という考えが足りなかったから，ロボットがやってくれるだけでなく，使う人の動きを助ける仕組みにしよう。	○学習計画表を基に，筆者の主張に沿ってロボットを改良していくことを確認する。 ○タイプの異なる二つのアイデアを提示し，教材文の叙述を根拠に，優れている点と改良が可能な点を話し合わせる。 ○教材文を拡大掲示し，根拠となる叙述を指摘して話し合わせることで，筆者の考えと事例との関係を考えて読むことができるようにする。 ポイント❶ ○話し合いの途中で，自分が考えているロボットについても振り返るよう促すことで，教材文に書かれた筆者の主張と自分のアイデアを照らし合わせることができるようにする。 ○筆者の考えと事例との関連について，板書や全文掲示で明らかにしておくことで，❷で話し合ったことを生かして自分のアイデアを見直すことができるようにする。

■5年:「手塚治虫」(東書5)

読むこと(説明文)の授業アイデア
14 伝記を読んで考えたことを伝え合おう

1 単元のねらい
　伝記を読んで捉えた人物の生き方について,自分の考えをまとめることができる。

2 単元の評価規準
○自分が興味をもった人物の伝記を読み,読書が自分の考えを広げることに役立つことに気付いている。　　　　　　　　　　　　　　　（知・技(3)オ)
○伝記を読んで考えたことをリーフレットで伝え合うために,文章と図表などを結び付けて必要な情報を見付けたり,論の進め方について考えたりしながら読んでいる。　　　　　　　　　　　（思・判・表:読むことウ)
○伝記を読んで理解した生き方について,自分の考えをリーフレットにまとめている。　　　　　　　　　　　　　　　　　　　　（思・判・表:読むことオ)
○伝記を読むことに関心をもち,読んで分かったことや考えたことを友達と交流したり,リーフレットにまとめたりしようとしている。
　　　　　　　　　　　　　　　　　　　　　　（主体的に学習に取り組む態度)

3 単元の言語活動
　本単元では,「C読むこと」の指導事項ウ・オを指導するため,複数の伝記を読み,そこに描かれた人物の生き方について,自分の考えをリーフレットにまとめ,友達と交流する言語活動を設定した。

4 単元展開(全7時)
[第1次(1時間)]
・伝記を読み始める。(朝の読書,家庭学習など)
・読んでいる伝記の中から,魅力を感じる人物について発表し合い,単元の見通しをもつ。
[第2次(3時間)]

- 教科書教材「手塚治虫」を読み,手塚治虫の生き方を捉える。(本時)
- 手塚治虫の人物像について話し合い,自分の考えをまとめる。

[第3次(3時間)]
- 自分の選んだ人物の伝記を読み,その人物の生き方を捉える。
- 自分が選んだ人物の生き方について,自分の考えをまとめる。

リーフレットのモデル

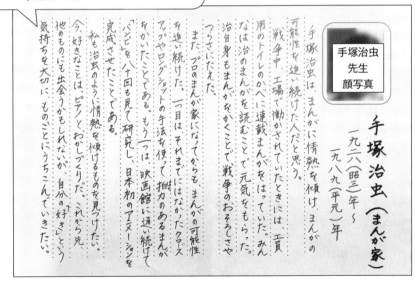

表紙には,人物像(生き方や考え方,業績などを端的に表したもの)を書く。

読んで分かったことや考えたことを以下の順序で書く。
①表紙に書いた人物像
②①の根拠となるエピソード
③自分の生活や生き方と関連付けて考えたこと

5　本単元指導のポイント

❶伝記は読むのに時間がかかる。単元が始まる前から教室に常備し、朝の読書の時間や家庭学習などで読む機会を設ける。また、異なるタイプの本（人生を時系列で物語のように描いているもの、図鑑のように図表や漫画を交えて記述しているもの、絵本など）を用意し、興味や能力に応じて選べるようにしたり、複数の本から情報を得たりできるようにする。

【Case 5, 18】

❷教科書教材「手塚治虫」を読む際には、自分が特に気になるエピソードに付箋を付け、気になる理由をメモするよう促す。それを基に友達と話し合う機会を設けることで、治虫の生き方への自分の考えをもつことができるようにする。

教科書本文 pp.176〜177

【Case13】

❸付箋に書かれたことについて少人数で話し合う場を設けるが、途中で全体での話し合いも行うことで、論点を共有し、思考を深めることができるようにする。

【Case12】

❹単元の初めに参考作品を提示するのではなく、子どもたちと学習を進めながら、教科書教材「手塚治虫」についてのリーフレットをモデルとして書きながら示していく。

【Case 9】

6　本時の指導（第3時）

[題目]　「手塚治虫」を読んで、気になるところを話し合おう

[目標]　「手塚治虫」の伝記を読んで考えたことを話し合ったりまとめたりすることができる。

（読むことオ）

[展開]

学習活動及び子どもの様相	支援及び指導上の留意点
❶本時の課題を確認する。 　「手塚治虫」を読んで，気になるところを話し合おう	○前時に各自が記入した付箋を基に友達と伝え合うことを促す。
❷気になるエピソードについて少人数で伝え合う。 　・なぜ医学部に入ったのか気になった。 　　→けがを治してもらって，医者の有難さを知ったから。 　　→両手を切断されたら漫画が描けなくなるから，治してもらって本当に有難かったのだと思う。	○少人数で話し合う場を設け，それぞれが自分の考えを表出できるようにする。 ○エピソードに関する疑問点について話し合うことで，治虫の生き方や考え方を捉えることができるようにする。
❸治虫の生き方が強く表れているエピソード（命が尽きるまで「鉛筆をくれ」と言ったこと）について全体で話し合う。 　・別の本の中に「読者が待っているから」と書いてあった。 　・読者のことも思っていたが，人生最期の日まで漫画を描き続けたいという思いが強かったのではないか。 　・それほど漫画が大好きだった。	○少人数での交流の合間に複数の班で話題に挙がった話題について全体で伝え合う場を設け，考えを深めることができるようにする。 　　　　　　　　　　　　ポイント❸ ○次時において，治虫の人物像（生き方や考え方，業績などを端的に表したもの）を考える際に，本時で取り上げたエピソードが根拠となるようにする。
❹本時を振り返る。	

■6年：「『鳥獣戯画』を読む」（光村6）

読むこと（説明文）の授業アイデア
15　6年1組美術館を開こう

1　単元のねらい
　筆者の事実の取り上げ方や論の進め方について考えながら教材文を読んだり，事実の取り上げ方や書き表し方を工夫して絵画鑑賞文を書いたりすることができる。

2　単元の評価規準
○絵画から見付けた事実とその事実から想像した考えとの関係を理解し，鑑賞文を読んだり書いたりしている。　　　　　　　　　　　（知・技(2)ア）
○自分が選んだ絵画の魅力を伝えるために，絵画から見付けた事実とその事実から想像したことを区別したり，文末表現を工夫したりして鑑賞文を書いている。　　　　　　　　　　　　　　　　　　　（思・判・表：書くことウ）
○自分が選んだ絵画の鑑賞文を書くために，文章と絵を結び付けて必要な情報を見付けたり，論の進め方について考えたりしながら教材文を読んでいる。　　　　　　　　　　　　　　　　　　　　（思・判・表：読むことウ）
○自分が選んだ絵画の魅力を伝えることに関心をもち，教材文を繰り返し読んだり，表現方法を工夫して書いたりしようとしている。
　　　　　　　　　　　　　　　　　　　　　　（主体的に学習に取り組む態度）

3　単元の言語活動
　本単元は，「読むこと」と「書くこと」の複合単元として，自分が選んだ絵画の魅力を鑑賞文で伝え合う言語活動を設定した。この活動を通して，「B書くこと」の指導事項ウ，及び「C読むこと」の指導事項ウを指導する。自分が選んだ絵画の魅力を鑑賞文で効果的に伝えるためにはどのようにしたらよいか，という目的意識をもって説明文教材「『鳥獣戯画』を読む」を読み進めていく。
　なお，図工科の鑑賞の授業とも関連を図る。

鑑賞文のモデル（シャガール「サーカス No.512」の鑑賞文）

陽気なステージへようこそ！

私は、この絵は何かのステージを表していると思います。絵の下の方にあるステージの上では、ピンクの服を着た女の人が両手を広げながら体をくねらせています。ダンスをおどっているのかもしれません。その横には、バイオリンをひいている女の人がいます。反対側には、トランペットをふいている男の人の姿も見えます。ピンクの女の人は、音楽に合わせてかれいなダンスをしているにちがいありません。ステージは黄色で染められているようです。スポットライトで照らされているようです。

絵の上の方を見てみると、たいこをたたいている魚がえがかれています。魚の表情を見ると、目を細めて気持ちがよさそうです。そして、そのとなりには、やはり両手を広げて体をくねらせている男の人と女の人の姿がみえます。空中にまい上がってしまうほど、心地よい音楽なのではないでしょうか。

それらはすべて、やわらかな曲線でえがかれています。ダンスをしている人たちだけでなく、楽器をえんそうしている人たちも体をくねらせていて、陽気なステージだということが分かります。

お客さんの表情ははっきりは分かりませんが、ステージや空中を夢中になって見つめている様子がステージから伝わってきます。「陽気なステージにあなたを招待します」というメッセージを感じます。この絵から「陽気なステージ」というメッセージを感じている私も観客の一人としてこのステージを見ているような気持ちになります。ステージを楽しんでいるような気持ちになります。

4 単元展開（全14時）※うち，図工科の鑑賞で2時間

[第1次（3時間）]
・鑑賞カードを使って絵画を鑑賞し感想を交流する。絵画を見る観点について話し合う。（図工科）
・魅力を伝えたい絵画を選び始める。
・教材文にある「鳥獣戯画」の一部を見て感想を交流する。
・単元の見通しをもつ。

[第2次 読む（5時間）]
・教材文「『鳥獣戯画』を読む」を読み，鑑賞の観点（絵から読み取った事実と想像したこと）を得る。
・教材文「『鳥獣戯画』を読む」を読み，書き表し方の工夫を得る。

[第2次 書く（5時間）]
・魅力を伝える絵画を選ぶ。
・選んだ絵画について，鑑賞の観点を基に，魅力をまとめる。（図工科）
・選んだ絵画の鑑賞文を書く。

[第3次（1時間）]
・鑑賞文を読み合う。
・6年1組美術館の展示をする。
・単元を振り返る。

5 本単元指導のポイント

❶子どもたちの課題解決の過程に言語活動を位置付けるため，単元を「絵を鑑賞して鑑賞文を書く課題をもつ→鑑賞文を読む→読んで学んだことを自分の鑑賞文に生かす」と展開する。　　　　　　　　　　　　【Case 4】

❷本単元でねらう資質・能力は，「C読むこと」の指導事項ウ，「B書くこと」の指導事項ウに重点化している。絵画の鑑賞文を読んだり書いたりすることでその力を身に付けることができるように，「鑑賞の観点」と「書き表し方の工夫」を以下の通り具体的に設定する。　　　　　【Case 1】

鑑賞の観点
　絵画から読み取った事実の観点…描かれた状況（何，誰，いつ，どこ等），色彩，タッチ，構図等
　想像の観点…描かれる人物や風景の意味，ストーリー，作者の思い等

鑑賞文の書き表し方の工夫
事実と感想の文末表現
　・事実　〜いる　　〜ある　〜が見える　表現している
　・感想　感じられる　分かる　だろう　〜ではないだろうか
　　　　　かもしれない　〜のようだ　〜にちがいない
読み手をひきつける工夫
　・問いかけ　・体言止め

---

❸❷の観点は，教師が与えるのではなく，活動を通して子どもたちが気付いていけるようにする。　　　　　　　　　　　　　　　　　　　　【Case 9】

6 本時の指導（第5時）

［題目］　筆者は絵から何を読み取り，何を想像したのだろう
［目標］　文章と鳥獣戯画の一部とを結び付け，筆者が絵から読み取った事実と想像したことを区別して読んだり，筆者の表現の工夫を見付けて読んだりすることができる。　　　　　　　　　　　　（読むことウ）

[展開]

学習活動及び子どもの様相	支援及び指導上の留意点
❶本時の課題を確認する。 　筆者は絵から何を読み取り，何を想像したのだろう	○単元計画表を用いて，「自分の選んだ絵の鑑賞文を書く」という単元の見通しを確認することで，本時の学習に目的意識をもって取り組めるようにする。
❷教材文の第５・６段落を音読する。	○第５・６段落と挿絵（鳥獣戯画の一部）を拡大掲示することで，文章と絵を結び付け，クラスで考えを共有しながら読んだり話し合ったりできるようにする。
❸「絵から読み取ったこと」を述べている文と「想像したこと」を述べている文はどれか話し合う。 ・「兎を投げ飛ばした蛙の口から線が出ている。」は，「絵から読み取ったこと」 ・「蛙と兎は仲良しで～遊びだからに違いない。」は「想像したこと」 ・「勢いがあって，絵が止まっていない。」はどちらだろう。	○「絵から読み取ったこと」として挙げた文が，絵のどの部分を指摘しているのかを確認することで，文章と絵を結び付けて考えることができるようにする。 ○「絵から読み取ったこと」なのか，「想像したこと」なのか区別が難しい文を取り上げ，考えさせることで，「読み取ったこと」は誰もが納得する「事実」であることに気付くことができるようにする。
❹筆者の書き表し方の工夫について話し合う。 ・「見てみよう」と読み手を誘うような言い方をしている。 ・「なんだろう」「～かな」など，読み手に尋ねる言い方をしている。	○書き表し方の工夫とは，読み手の興味をひくためであることを助言したり，教師の鑑賞文と比較させたりすることで，投げ掛け，問い掛け，体言止めなどの表現方法に気付くことができるようにする。　　　　　　ポイント❸
❺本時の学習を振り返る。	○単元計画表を基に，本時の学習を振り返ったり，自分の選んだ絵の鑑賞文について考えたりできるよう促す。

■1年：「おおきなかぶ」（東書1上）

読むこと（物語文）の授業アイデア
16　おきにいりのじんぶつになって　おんどくげきをしよう

1　単元のねらい
　自分の好きな場面を探しながら読み，場面の様子に着目して，人物の行動や会話を想像し，音読劇で表現することができる。

2　単元の評価規準
○語のまとまりや言葉の響きなどに気を付けて，教材文を繰り返し音読している。　　　　　　　　　　　　　　　　　　　　　（知・技(1)ク）
○音読劇をするために，自分の好きな場面に着目して読み，人物の行動を具体的に想像して動作化したり，文を付け足したりして，音読劇で表現している。　　　　　　　　　　　　　　　（思・判・表：読むことエ・オ）

3　単元の言語活動
　本単元では，自分の好きな登場人物になって，音読劇で表現する言語活動を設定した。音読劇とは，物語の本文をなぞりながら，行動描写を動作化したり，会話文をせりふで話したり，本文を基に想像した会話や行動を付け加えて演じたりするものである。本文に書かれた行動描写や会話文に即して劇を演じることは「Ｃ読むこと」の指導事項エ「場面の様子に着目して，登場人物の行動を具体的に想像すること。」を達成させることにつながる。また，本文に書かれていることと，自分のもっている知識や経験とを結び付けて想像を広げ，せりふを付け加えたり，体の動きで表現したりすることは，指導事項Ｃオの「文章の内容と自分の体験とを結び付けて，感想をもつこと。」の達成を促すものである。

4　単元展開（全6時）
［第1次（1時間）］
・絵本『おおきなかぶ』の読み聞かせを聞き，おもしろかった内容や場面を発表する。

・「大きなかぶ」を音読劇で演じるという単元の課題をつかむ。
※前単元「おむすびころりん」での，登場人物の動作化を想起させ，音読劇への期待をもたせる。

[第2次（4時間）]
・全文を音読し，登場人物を確認する。
・クラス全体で動作化したり，せりふを付け加えたりしながら全文を通読する。
・自分が演じてみたい登場人物のせりふを考え，ワークシートに書く。
・班の友達と音読劇をつくる。（本時）
※場面ごとに区切って学習を進めるのではなく，全文の通読を繰り返すことで，登場人物が徐々に増えていく本教材のおもしろさが味わえるようにする。

[第3次（1時間）]
・音読劇発表会をし，単元の学習を振り返る。
※隣の学級や2年生を対象として発表してもよい。

5 本単元指導のポイント

❶本教材のおもしろさは，登場人物が一人ずつ増えていく展開やリズミカルで繰り返しのある文体にある。登場人物は，おじいさん，おばあさん，孫，犬，猫，ねずみと，大きく強いものから，小さく弱いものへと変化する。そして，ほんの小さな存在であるねずみが最後に加わったことでようやくかぶが抜ける結末は，子どもたちの興味を大きく引きつける。場面ごとに様子を読み取る単元展開では，このおもしろさを味わうことは難しい。「音読劇をつくる」という課題意識を持続させながら，全文通読を繰り返し，動作化させたり，せりふを加えさせたりすることで，単元のねらいを達成することができる。　　　　　　　　　　　　　　　　　　【Case 4】

❷音読劇をするために，場面の様子から想像した登場人物のせりふは，ワークシートの吹き出しに書かせるが，場面ごとに区切って全員が全部の人物について書くのではなく，気になる人物や演じてみたい場面を選んで書か

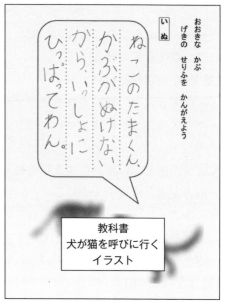
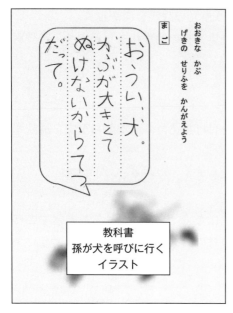

せるようにする。そうすることで，教師に与えられた場面について考えるのではなく，自分の好きな場面に着目して，主体的に考えることができるようにする。　　　　　　　　　　　　　　　　　　　　　　【Case 8】

❸　第2〜5時は，実際に音読劇をつくりながら展開し，登場人物がどのように動いたか，どのように言葉を発したかを想像しながら読みを深めていく。その際，クラス全体での活動とグループでの活動を交互に行うことで，全体での読みをグループ活動に生かしたり，グループ活動のよさを全体で共有したりできるようにする。　　　　　　　　　　　　　　【Case12】

6　本時の指導（第5時）

[題目]　したことやいったことをそうぞうして，おんどくげきをかんせいさせよう

[目標]　自分の知識や経験と結び付けて場面の様子を想像し，音読劇で伝えることができる。　　　　　　　　　　　　　　　　　　　（読むことエ）

[展開]

学習活動及び子どもの様相	支援及び指導上の留意点
❶本時の課題を確認する。 したことやいったことをそうぞうして，おんどくげきをかんせいさせよう	○本文を全体で役割音読させ，登場人物の行動や会話を確認できるようにする。
❷グループで音読劇をつくる。 (1)前時に書いた吹き出しのワークシートを見直す。 (2)グループで音読劇を完成させる。 ・犬を呼ぶときは「おうい，犬，手伝って」と言うよ。 ・手伝ってもらうのは，家で飼っている犬かもしれないよ。そうしたら，「おうい，犬」ではなくて，飼い犬の名前を呼んだ方がいいんじゃないかな。 ・かぶが抜けた後には，「みんなでシチューにして食べましょう」と言いたいな。	○せりふを想像して書いたワークシートを読み合う場を設定し，互いの考えを交流したり，自分のせりふのヒントにしたりできるようにする。 ○地の文を読む役目を設定したり，地の文は全員で言うようにしたりと学級の実態に応じて役割分担をする。 ○お気に入りの人物は一人に固定せず，役を交代しながら繰り返し劇を楽しめるようにする。 ○グループ活動の途中で，適宜，全体で考える時間を設ける。その際，叙述に沿って豊かに動作化している子どもや，自分の経験を生かしてせりふを加えている子どもを紹介，価値付けすることで，よさをクラス全体で共有することができるようにする。 ポイント❸
❸本時の振り返りをし，次時の発表に向けた見通しをもつ。	○音読劇ができ上がったことを賞賛し，発表への期待と意欲を高める。

■2年:「スーホの白い馬」(光村2下)

読むこと(物語文)の授業アイデア
17 「お話のとびら」で大すきをしょうかいしよう

1 単元のねらい
　自分の好きなところを探しながら読み,場面の様子に着目して,人物の行動や会話を想像し,「お話のとびら」にまとめることができる。

2 単元の評価規準
○好きな物語や物語の好きなところを探しながら読み,読書を楽しんでいる。
(知・技(3)エ)
○自分が選んだ物語を1年生に紹介するために,場面の様子に着目して,人物の行動を想像し,好きなところを選んだわけや好きなところを中心としたあらすじをまとめている。　　　　(思・判・表:読むことエ)

3 単元の言語活動
　本単元では,「C読むこと」の指導事項エを指導するため,自分が選んだお話の大好きなところを「お話のとびら」で紹介する言語活動を設定した。

4 単元展開(全11時)
[第1次(2時間)]
・教師がつくった「お話のとびら」で「スイミー」の読書紹介を聞き,見通しをもつ。
・並行読書により,自分が紹介したい物語を選ぶ。

[第2次(7時間)]
・友達と交流し,「お話のとびら(ワークシート版)」をつくりながら「スーホの白い馬」を読む。
・「スーホの白い馬」の読みを自分が選んだ物語に生かし,同じお話を読んだ友達と交流しながら選んだ物語の「お話のとびら」をつくる。

[第3次(2時間)]
・「お話のとびら」を使って1年生に紹介したり,友達と紹介を聞き合った

りする。

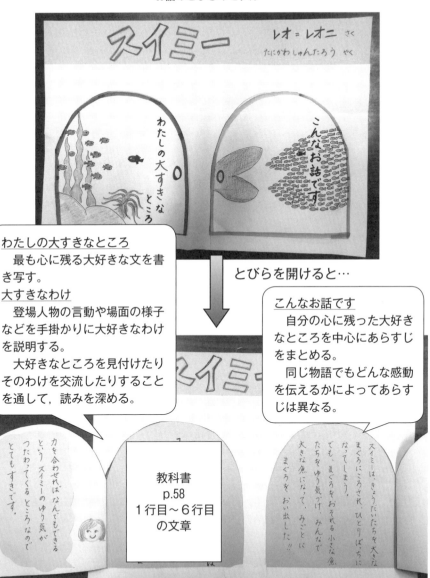

5 本単元指導のポイント

❶ 2年生の他社教科書教材の中から、登場人物の言動が子どもたちに感動をもたらす物語を用意し、自分が選んだ本の「お話のとびら」をつくらせる。
【Case 4, 18】

対象図書 「ないた赤おに」「ニャーゴ」「きつねのおきゃくさま」
「わにのおじいさんのたから物」
「アレクサンダとぜんまいねずみ」

❷ 単元の導入で、教師が既習の物語「スイミー」でつくった「お話のとびら」を使って紹介を演示したり、並行読書の対象図書のブックトークをしたりする。そうすることで、子どもたちは、「自分も好きな物語を選んで紹介したい。」という課題意識をもつことができる。また、教師の演示は、子どもたちがよく知っている物語で行うことで、「お話のとびら」の内容の理解を促す。
【Case16】

❸ 教科書教材である「スーホの白い馬」の活動は、クラス全体で行い、自分が1年生に紹介したい物語の「お話のとびら」をつくる活動に生かすことができるようにする。本時では、好きなところを選んだわけをまとめる活動について、まずは「スーホの白い馬」で行い、それを生かして自分が選んだ物語で行う展開になっている。なお、教科書教材の「お話のとびら」は、教師が枠を用意したワークシートを用いることで、単元の指導時数を有効に使えるようにする。
【Case16】

❹ 自分が選んだ物語について考える際には、同じ物語を選んだ友達との交流の場を設ける。
【Case14】

6 本時の指導（第5時）

[題目] 「お話のとびら」でしょうかいするために、大すきなところをえらんだわけを考えよう

[目標] 物語の大好きなところを選び、場面の様子に着目して、登場人物の行動や会話を想像し、大好きなわけを考えることができる。

(読むことエ)

[展開]

学習活動及び子どもの様相	支援及び指導上の留意点
❶本時の課題を確認する。 「お話のとびら」でしょうかいするために，大すきなところをえらんだわけを考えよう ❷「スーホの白い馬」について，前時に各自が選んだ叙述の大好きなわけを考える。 (1)全体で話し合う。 ・「白馬は，ひどいきずをうけながら～」を選んだわけは，白馬がどうしてもスーホに会いたいという気持ちが伝わってくるからかもしれないな。 (2)個人で考えをまとめ，ワークシートに書く。 ・○○さんと同じように，私が選んだところも，スーホの強い気持ちが表れているよ。 ❸自分が選んだ物語について，前時に各自が選んだ叙述の大好きなわけを考える。 ・「ねこはももをだいじそうに…」というところを選んだわけは，ねこが小ねずみたちに桃をもらってうれしくなった気持ちが表れているからだと思うけれど，どう？ ・ぼくも同じところを選んだよ。恥ずかしい気持ちもあるから小さい声で「ニャーゴ」って言ったんだね。 ❹本時を振り返る。	○学習計画表を基に，本時に学ぶ内容を確認し，「お話のとびら」で大好きを紹介するという目的意識をもって取り組むことができるようにする。 ○全文掲示を用いることで，互いが選んだ叙述を可視化し，読みの交流ができるようにする。 ○選んだわけがよく分からない子どもに対しては，その叙述に表れる登場人物の気持ちや言動の根拠を問いかける。 ○選んだわけをまとめる際には登場人物の言動の根拠を書くよう助言することで，本時のねらいに迫ることができるようにする。 ○同じお話を選んだ友達とグループになり，❷で話し合ったことを基に，登場人物の言動に着目してその根拠を考えられるようにする。 ポイント❹ ○分かったことだけでなく，よく分からないことや迷っていることについて友達の考えを求めるよう助言し，友達との交流を生かして自分の読みを明らかにすることができるようにする。

■4年:「ごんぎつね」(東書4下)

読むこと(物語文)の授業アイデア
18 登場人物の魅力を伝え合おう

1 単元のねらい
　登場人物の気持ちの変化や性格について,場面の移り変わりと結び付けて想像して読んだり,「紹介ノート」での読みの交流を通して一人一人の感じ方に違いがあることに気付いたりすることができる。

2 単元の評価規準
○複数の物語を読み,読書によって自分の興味や感想が広がる楽しさを味わっている。　　　　　　　　　　　　　　　　　　　　(知・技(3)オ)
○自分が選んだ登場人物の魅力を「紹介ノート」で紹介するために,登場人物の気持ちの変化や性格について,場面の移り変わりと結び付けて想像して読んでいる。　　　　　　　　　　　　　　(思・判・表:読むことエ)
○「紹介ノート」を読み合い,一人一人の感じ方に違いがあることに気付き,コメントを書いている。　　　　　　　　(思・判・表:読むことカ)

3 単元の言語活動
　本単元では,「紹介ノート」に読みをまとめ,一人一人の感じ方の違いを交流できる言語活動を設定した。

4 単元展開(全11時)
[第1次(1時間)]
・教師の「紹介ノート」を基に見通しをもち,紹介したい物語を選ぶ。
[第2次(9時間)]
・友達と交流し,「紹介ノート」を書きながら,「ごんぎつね」を読む。
・同じ物語を選んだ友達と交流しながら「紹介ノート」を書く。
※「ごんぎつね」と自分が選んだ物語は,並行して学習し,共通教材の学びを選択教材に生かせるようにする。
[第3次(1時間)]

・「紹介ノート」を読み合い，互いに書き込みをする。

子どもが書いた紹介ノートの一部

①プロフィールのページ

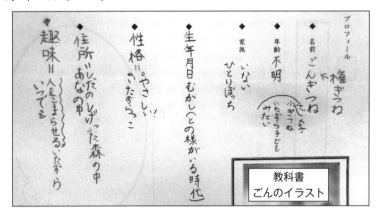

②エピソードのページ

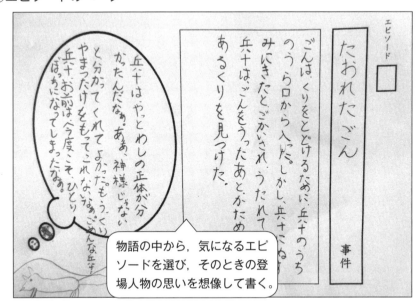

③魅力紹介のページ…①②をもとに人物の魅力をまとめる。
④コメントのページ…友達に，紹介ノートを読んだ感想を書き込んでもらう。

5 本単元指導のポイント

❶共通教材「ごんぎつね」において,「エピソードのページ」を書く際には,全文シートを用いてクラス全体で気になるエピソードを共有できるようにする。「気になる」とは,「〜するなんてすごい。」「〜するのはなぜだろう。」などの感動や疑問である。多くの子が関心をもつ最後の場面については,「ごんの魅力を明らかにするために」という課題意識をもって,全体で話し合う場を設ける。

【Case 6, 13】

❷自分が選んだ物語のエピソードを探す際には,付箋を活用し,叙述に目印を付けたり,そのときの人物の気持ちを書き込んだりできるようにする。また,同じ物語を選んだ友達と交流したり相談したりできる場を設ける。人物の魅力をまとめる際には,異なる物語を選んだ友達との交流の場も設け,魅力に説得力があるか検討できるようにする。　　【Case14】

❸登場人物の魅力について交流する際には,「〜なところ」と短い言葉でまとめ,違いを明らかにして話し合えるようにする。　　　　【Case13】

6 本時の指導(第8時)

[題目]　「その人」の魅力を明らかにしよう

[目標]　登場人物の気持ちの変化や性格について行動や会話などの複数の叙述を基に想像して読み,自分が選んだ人物の魅力とその理由をまとめることができる。

(読むことエ)

第❷章　子どもが必ず熱中する！領域別・授業づくりアイデア20

[展開]

学習活動及び子どもの様相	支援及び指導上の留意点
❶前時までに捉えた登場人物の魅力を読み返し，本時の課題をつかむ。 「その人」の魅力を明らかにしよう ❷「ごんぎつね」のごんの魅力について話し合う。 ・一生懸命さが魅力だ。 　→「次の日もその次の日も」「その次の日も」とあるから，兵十につぐないをしようと一生懸命だ。 　→「引き合わない」のに「あくる日も」とあるから，兵十にどうしても分かってほしくて一生懸命だった。 ❸自分が選んだ登場人物の魅力について話し合う。 ・「ウエズレーの国」のウエズレーの魅力は，工夫できることかな。 　→ぼくは，自分の思いを貫くことだと思うよ。なぜなら〜。	○前時に書いた登場人物の魅力についての自分の考えを確認し，友達と話し合いたいことをはっきりさせて本時の課題をつかめるようにする。 ○前時までに短い言葉でまとめた魅力の根拠について，叙述を基に述べるよう促すことで，論点を明らかにし，行動や会話などの複数の叙述を関連付けて，ストーリー全体からごんの性格や気持ちの変化を捉えることができるようにする。　　　　　　　　ポイント❸ ○登場人物の魅力は，複数の叙述を関連付けた気持ちの変化や性格などから捉えるとよいことをおさえ，「ごんぎつね」の読みを自分が選んだ物語にも適用して考えることができるようにする。 ○同じ物語を選んだ友達同士でグループになり，前時までにまとめたことを基に「自分の考えを確かめたい」「他の考えを知りたい」「友達のアドバイスをもらいたい」などの目的を明確にして話し合わせることで，それぞれの読みの状況や能力に応じた交流ができるようにする。

■5年:「注文の多い料理店」(東書5)

読むこと(物語文)の授業アイデア
19　宮沢賢治作品の魅力を「読みログ」で交流しよう

1　単元のねらい
　宮沢賢治の作品を読んで,人物像や物語の全体像について想像したことを基に,おもしろさをまとめることができる。

2　単元の評価規準
○宮沢賢治の作品を読み,比喩や反復などの表現の工夫に気付いている。
　　　　　　　　　　　　　　　　　　　　　　(知・技(1)ク)
○宮沢賢治の作品を読み,人物像や物語の全体像について想像したことを基に,おもしろさを「読みログ」のコメントにまとめている。
　　　　　　　　　　　　　　　　　　(思・判・表:読むことエ・オ)

3　単元の言語活動
　本単元では,「C読むこと」の指導事項エ・オの力を付けるために,「宮沢賢治作品のおもしろさについて伝え合う」という言語活動を設定した。その際,ねらい達成に向けて子どもたちがより意欲的に取り組めるよう「読みログで交流する」という仕掛けを設ける。「読みログ」とは,作品を★の数と200〜300字程度のコメントで評価したカードを作品ごとに掲示し,コメントを読み合って交流するものである。

4　単元展開(全9時)
[第1次(2時間)]
・宮沢賢治作品のブックトークを聞き,読み始める。(朝の読書)
・読んだ作品の感想を交流し,初回投稿のコメントを書いて単元の学習内容を知る。
[第2次(6時間)]
・初回投稿のコメントを読み合い,おもしろさの観点や説得力のあるコメントについて話し合う。(本時)

・「注文の多い料理店」の戸の言葉の意味からあらすじをつかむ。
・「注文の多い料理店」の二人の紳士の人物像について話し合い，コメントを書く。
・他作品の人物像について話し合い，コメントを書く。
・「注文の多い料理店」の表現の工夫やメッセージについて話し合い，コメントを書く。
・他作品の表現の工夫やメッセージについて話し合い，コメントを書く。

[第3次（1時間）]
・最終的な「読みログ」を読み，宮沢賢治作品や単元の学びについて感想を発表し合ったり，作品を改めて読み直したりする。

5　本単元指導のポイント

❶単元のねらいを達成させるため，言語活動「読みログ」を以下の通り具体化する。　　　　　　　　　　　　　　　　　　　　　　【Case 2】

・コメントの観点を子どもたちの読みや話し合いから引き出し，以下の通り提示する。

　　観点①登場人物（人物像，心情の変化，相互関係）
　　　　②ストーリー展開（不思議な出来事，結末）
　　　　③作品から伝わるメッセージ　　　④作品の雰囲気
　　　　⑤表現の工夫（比喩，オノマトペ）

・コメントはあくまでも「読む力」の達成をねらうものであるので，子どもたちが書きやすい文体とし，話し言葉でも可とする。

・コメントカードと★の平均値を掲示したボードは，常時見られるようにしておき，コメントを読んだり，「いいね！マーク」を付けたりできるようにする。

❷本単元では，同じ作品について，または

異なる作品について複数回コメントを書く。子どもたちの書いたコメントを，前掲の観点から評価し，よさを賞賛したり全体に紹介したりするとともに，なかなか書けない子への例示とする。　　　　　　　【Case20, 24, 25】

❸単元を計画する際，教師も「読みログ」のコメントを書き，評価基準を明らかにするとともに，子どものつまずきを予測する。　　　　　　　【Case 3】

観点：登場人物・メッセージ　　下線は十分満足の様相

　このお話の一番のおもしろさは，ゆかいな登場人物たちだ。別当はへたくそな葉書を一郎に「大学五年生レベル」と言われて喜ぶし，山猫は気取っているくせに，一郎の「いちばんばかで、めちゃくちゃで、まるでなっていないようなのが、いちばんえらい」という言葉にすぐに納得したり，ばればれの言い方で金メッキのどんぐりをくれたりするし。二人の行動や会話から，おろかだけれど，にくめない魅力を感じる。こんな二人と上手にやりとりする一郎は，人の気持ちが分かるかしこくてやさしい子だと思う。このお話は，「偉ぶってはいけない」ということを伝えているのかもしれない。
(偉そうにしている人ほど愚かだということを伝えているのかもしれない。)

---

❹どの子もコメントが書けるようにするための支援の方策としては，対象図書の文量と難しさのレベルを提示して選べるようにしたり，観点を明らかにして書いている子どものコメントを例示したり，コメントの書き出しやつなぎ言葉などのフォーマットを与えたりといったことが考えられる。

【Case17, 18】

6　本時の指導（第3時）

[題目]　説得力のあるコメントの観点を考えよう

[目標]　作品の人物像や全体像，表現の工夫などのコメントの観点に気付くことができる。

（読むことエ）

[展開]

学習活動及び子どもの様相	支援及び指導上の留意点
❶初回投稿したコメントの紹介を聞き，本時の課題をつかむ。 　説得力のあるコメントの観点を考えよう ❷コメントを読み合い，観点について話し合う。 (1)コメントを読んで，納得できる意見を短く板書する。 　・自分たちが粗末にした白い犬に助けられる結末がおもしろい。 (2)板書したコメントから，説得力のあるコメントの観点を考える。 　・結末のおもしろさや，戸を開けるどきどき感は，「ストーリーの展開」の観点だね。 ❸2回目のコメントを書く。 　・私がおもしろいと思った「ツエねずみ」の人物像について書いてみよう。 ❹本時を振り返り，今後の見通しをもつ。	○前時にお試しで初回投稿をしたコメントの一部を紹介し，評価（星五つのうちどれくらいか）を予想させることで，評価に見合ったコメントを書くことの必要性を実感させる。 ○コメントを回し読みしながら，納得できるコメントには「いいね！」マークを付けるよう促したり，コメントの一部を板書させたりする。 ○板書したコメントにはどのようなことが書かれているのかを話し合い，「ストーリー展開」「人物像」「作品から伝わるメッセージ」「表現の工夫」などの観点を導く。 ○本単元では，コメントを書く活動を繰り返すことで，読みを深めていけるようにする。本時でも，❷で学んだことを生かしてより説得力のあるコメントを書けるようにする。　ポイント❷ ○朝の読書の時間や家庭学習でも，作品を読んでコメントを書く活動を促す。

■5年：「大造じいさんとがん」（東書5）

読むこと（物語文）の授業アイデア
20　椋鳩十作品でポスターセッション！

1　単元のねらい
　椋鳩十の作品を読み，人物像や物語の全体像を想像したり，表現の効果を考えたりして，自分が選んだ作品の魅力についてまとめ，ポスターセッションで共有することができる。

2　単元の評価規準
○椋鳩十作品を多読し，読書が自分の考えを広げることに役立つことに気付くとともに，比喩，擬声語，擬態語，情景描写などの表現の工夫に気付いている。　　　　　　　　　　　　　　　　　　（知・技(3)オ・(1)ク）
○自分が選んだ椋鳩十作品の魅力を明らかにするために，人物像や物語の全体像を具体的に想像したり，表現の効果を考えたりするとともに，それらをポスターにまとめ，友達と共有して自分の考えを広げている。
　　　　　　　　　　　　　　　　　（思・判・表：読むことエ・カ）

3　単元の言語活動
　本単元では，自分が選んだ椋鳩十作品の魅力についてポスターにまとめ，ポスターセッションで伝え合う言語活動を設定した。この活動を通して，「C読むこと」の指導事項エ及びカを指導する。

4　単元展開（全8時）
［第1次（1時間）］
・作品の魅力をポスターにまとめて伝え合うという学習の見通しをもつ。
［第2次（6時間）］
・「大造じいさんとがん」について，友達と交流しながらポスターを書く。
・自分が選んだ作品について，友達と交流しながらポスターを書く。
［第3次（1時間）］
・ポスターセッションで作品の魅力を伝え合う。

第❷章　子どもが必ず熱中する！領域別・授業づくりアイデア20

ポスターのモデル

子グマを思う母グマの強さが胸にせまる名作！

月の輪グマ

◆この作品の魅力◆

　この作品の一番の魅力は、子グマを思う母グマの強

　人間につかまりそうになった子グマを救うために、母グマは、３０メートルもあるたきつぼの中に飛びこんだのだ。自分の命をかえりみない、すさまじい行動だと思う。

　はじめは、子グマを生けどりにしようとしていた「わたし」と荒木さんであったが、母グマのとった行動に感動し、母グマの命が助かったことを知って、大喜びする。

　「母親の愛情は、敵の心も動かすほど、強いものである」というのが、この物語のメッセージなのではないだろうか。

　動物の物語をたくさん書いている椋鳩十作品の中でも、これは、ナンバーワン感動作だと思う！

> 作品のキャッチコピー
> 　物語の全体像を捉え，作品の魅力を一言で表す。

> **作品の魅力**
> 　①登場人物
> 　②人物同士のかかわり
> 　③ストーリー展開
> 　④メッセージ
> 　⑤表現の工夫
> を観点として書く。この例示では，①②③を観点としている。

> **心にぐっとくる文**
> 　主に⑤表現の工夫に着目し，作品の魅力と関連付けて書く。

◆心にぐっとくる文◆

　私は物をいえば、なみだがボロボロこぼれそうなので、「うん、うん」といって、うなずいてみせるのみでした。＊

　この文は、滝つぼに飛び込んだ母グマの命が助かったことを知った「わたし」の様子を表している。母グマの行動に感動した「わたし」の気もちが伝わってきて、心にぐっとくる名文である。

＊椋鳩十『月の輪グマ』（小峰書店）

5 本単元指導のポイント

❶本単元のねらいに迫るため，以下の通り並行読書を設定する。
・単元に入る前に，教室に椋鳩十の作品を常備し，朝の読書や家庭学習で椋鳩十の作品を読む機会を設ける。
・次の8作品は，全員が読むこととし，ポスターもこの8作品から選んでつくるようにする。そうすることで，作品の内容をクラス全員が共有して考えの交流をすることができる。対象作品は，いずれも，登場人物（人間と動物）のかかわりが感動をよぶ作品であり，単元のねらいに達することができるものである。【Case 4，18】

対象図書 「片耳の大シカ」「金色の足あと」「母ぐま子ぐま」
　　　　　「山の太郎グマ」「黒ものがたり」「月の輪グマ」
　　　　　「森の王者」「片足の母スズメ」

❷単元の導入で，ポスターセッションのモデルを示し，「自分が選んだ作品でポスターをつくり，友達と交流する」という見通しがもてるようにする。
【Case17】

❸指導事項エについて以下の通り捉えて指導する。【Case 1】
　人物像…登場人物相互のかかわり方や心情の変化から捉えることができるもの。性格および信条，信念。（本単元では，椋鳩十作品の特性から，人間と深い関わりをもつ動物も「登場人物」として捉えることとする。）
　全体像…物語の展開，物語のメッセージ，情景など。

6 本時の指導（第4時）

[題目]「心にぐっとくる文」について話し合い，「大造じいさんとがん」の魅力を明らかにしよう

[目標]「心にぐっとくる文」とその理由について話し合うことを通して「大造じいさんとがん」の魅力をつかみ，人物像や表現の効果についてまとめることができる。　　　　　　　　　　（読むことエ）

第❷章 子どもが必ず熱中する！領域別・授業づくりアイデア20

[展開]

学習活動及び子どもの様相	支援及び指導上の留意点
❶前時に選んだ「心にぐっとくる文」を全文シートで確認し，本時の課題をつかむ。 「心にぐっとくる文」について話し合い，「大造じいさんとがん」の魅力を明らかにしよう ❷「心にぐっとくる文」について話し合う。 (1) なぜその文が「心にぐっとくる」のか，ペアや少人数で理由を交流する。 (2) 教師が意図的に選んだ文について，全体で理由を交流する。 ・「らんまんとさいたすももの花が」という文はさわやかな感じがする。 →大造じいさんの気もちがさわやかなのかもしれない。 ❸「大造じいさんとがん」の作品の魅力について話し合い，ポスターに書く。 ・この作品の魅力は，残雪の勇敢さと強さである。残雪は，敵が襲ってきても〜（観点：登場人物） ・この作品の魅力は，いまいましい宿敵から尊敬するライバルに変わっていったじいさんと残雪の関係である。（観点：人物同士のかかわり）	○自分や友達が選んだ文を音読し，本時の課題をつかむことができるようにする。 ○自分と同じ文を選んだ友達や，選んだ理由を知りたい友達と交流する場を設けることで，自分の選んだ理由をはっきりさせたり，友達との考えの相違に気付いたりできるようにする。 ○情景描写を取り上げ，そこに大造じいさんの心情が表れていることを話し合わせることで，「魅力の観点」の「表現の工夫」にも気付くことができるようにする。 ○並行読書をしている椋鳩十作品にも似たような表現があるかどうか問いかけることで，同一作家の作品を重ねて読むことの楽しさやよさを感じることができるようにする。 ○「大造じいさん」のポスターは自分が選んだ作品の練習として使っているものであることを告げ，書き直したり，書き加えたりしながら考えることができるようにする。 ○「心にぐっとくる文」の理由を「魅力の観点」と結び付けて板書することで，❷で話し合ったことを基に，作品の魅力について考えることができるようにする。 ○自分が選んだ文だけでなく，友達が選んだ文の理由からも魅力を考えるよう促す。

Afterword

　私が授業をしていて,最も嬉しいこと。それは,「終わります」と授業を締めくくったときに,子どもたちから「え？　もう終わり？」という声が漏れることです。45分があっという間に感じるほど,熱中して取り組ませることができたのだと思えるからです。

　私が授業をしていて,最も落ち込むこと。それは,授業中に子どもがちらちらと時計に目をやることです。学習が退屈で,時間が過ぎるのが遅く感じられるのでしょう。

　時間を忘れて言語活動に没頭し,着実に力が付く。そんな授業を目指して実践研究を行ってきました。宇都宮大学教育学部附属小学校の国語専科として11年。来る日も来る日も,国語の授業づくりについて考えてきました。

　ある授業での出来事です。それは,4年生の教科書教材「白いぼうし」を基に,あまんきみこさんのファンタジー作品『車のいろは空のいろ』シリーズを読んで不思議を解き明かす授業でした。シリーズの中から自分の好きな作品を選び,物語の伏線をつなぎ合わせて,不思議なことが起こる仕掛けを説明するといった言語活動を設定しました。子どもたちは皆,夢中になって読んだり,話し合ったりしていたのですが,中でも普段はそれほど積極的ではないA児の姿に目を奪われました。同じ作品を選んだ友達と不思議の解明について話し合っている際に,突然,声を張り上げて,「分かった！　このお話はいろんなところがつながっているんだよ！　不思議と不思議がつながっているの！」と言ったのです。そして,自分の読みを自信たっぷりに話し続けていました。国語の力が高いとは言えない,むしろしんどいと捉えていたA児の姿を見て,私ははっとしました。あまんきみこさんの作品の力も大きいと思いますが,その魅力的な作品と子どもたちをどのように結び付け,どのような言語活動を設定し,どのように単元を展開し,どのような本時を仕組むかということが,子どもの意欲や国語力の向上に大きく影響するのです。A児の姿は,私の想定以上であり,「A児はきっとこれくらいで留まるであろう」と見くびっていた自分を恥ずかしく思いました。